ミツイパブリッシング

目次

凡例

★は原注、〔　〕内は訳注を示す。原注内の＊はミツイパブリッシングのウェブサイト（mitsui-publishing.com/pride-parade/reference または左記ＱＲコード）に出典のＵＲＬを掲載している。同ウェブサイトには本書のすべての参照元リストも掲載している。

はじめに

読者のみなさん、はじめまして。この本を手に取っていただきありがとうございます。あなたはＬＧＢＴ＋コミュニティの一員でしょうか。それとも、ＬＧＢＴ＋について関心をもったところでしょうか。もしくは、友人や家族からカミングアウトされたばかりで、どうしてよいかわからずにいるところかもしれませんね。セクシュアル・マイノリティ、ジェンダー・マイノリティというコンセプトをよくご存じない方にも、この本がお役に立てたとしたら、うれしく思います。

私の故郷スウェーデンでは、ＬＧＢＴ＋コミュニティの一部であることは、徐々に物議をかもすことではなくなってきています。私や多くの人たちにとって、とてもありがたいことです。ほかの国に比べると、スウェーデンでは社会の規範（ノーム）（普通、標準とみなされていること）を打ち破っても批判されることがありません。誰でも簡単に、自分自身が誰なのか、自分の人生をどう生きたいかということを探求していくことができます。

この本では、スウェーデンにおけるLGBT+コミュニティの一員であることが実際どんなことかをお伝えします。その前に、まずここでは、私がどのように自分の居場所を見つけたかについて、お話しします。

この本を書いている私について

私は一人っ子で、スウェーデンの首都ストックホルムで生まれ育ちました。ストックホルムは北欧で一番大きな都市です。人口は約一〇〇万人、水の都と呼ばれて、観光でも有名です。

私の両親は二人ともフルタイムで働いていました。いつも忙しくしていましたが、二人とも愛情深く、いつも私の支えとなってくれました。両親は、「このようになれ」とか「こういうふうにすべき」とか、「こんな人間になれ」と私に強いることは、決してありませんでした。私は自分のやりたいことを見つけ、やりたいことを実現する方法を、自由に探求することができたのです。

そうして私は、ストックホルム大学で日本学を学ぶことになりました。のちに数年間留学し、働き、暮らすことになる美しい国との密な関係を、ここで築くことになったのです。その経験がなければ、この本は生まれていなかったでしょう。ですが、どのような経緯で私が日本につながったかを正確に伝えることがこの話の核心ではありません。お伝えしたかったのは、私は幼少期から青年期に至るまでずっと、ありのままの自分でいられたということです。誰かの期待に邪魔されることなく、自分にとって「これだ」と思うことを追い求めることを許されていたのです。

中学生の時、私はとてもおもしろい友人グループに入りました。そこには女子も男子もいましたが、自分たちが同世代のほかの子たちとは少し違うようだとみんなが感じていました。私たちの多くは、マンガやアニメのような日本のポップカルチャーが大好きで、世界のどこかで冒険するのを夢見ていました。多くの友人はまた、異性愛者（ストレート）ではありませんでした。

この時、私は自分の性的指向（誰に惹かれるかを表す言葉。セクシュアル・オリエンテーション）について考えたことがありませんでした。それよりも、ファンタジーや冒険小説を読み、友人たちと夜通し映画を見ることの方が大事だったのです。私は男の子たちに熱を上げましたが、彼氏はいませんでした。それで別にかまわなかったのです。でも私の一番の親友だった女友達に彼氏ができた時、自分がとても嫉妬（しっと）していることに気づきました。私は、「彼女はもうこれまでのように、私と遊ぶ時間がない。そのことにジェラシーを感じているんだ」と自分に言い聞かせました。彼女がパーティーで女の子にキスしている動画を見た時は、「相手の女の子が自分だったら」と願っている自分に、気づかないふりをしました。

バイセクシュアル（二つ以上のジェンダーに惹かれること）であることが、間違っていると思っていたわけではありません。そう、私はちっとも、友人の性的指向なんて気にしていなかった。ただ、自分のことを「普通（ノーマル）」だとばかり思っていて、友人のように大胆なタイプではない自分が、男子も女子もどちらも好きになることができるなんて、思ってもみなかったのです。

私が自分のことをバイセクシュアルであり、どんな性別の人とも将来を考えられると実際に気づいたのは、それから数年経ってからでした。性的指向は、個人の性格とは関係ありません。その人の行いや自己表現の仕方にかかわらず、誰もがどんな性的指向をも、もちうるのです。でも、私がそれを本当に理解するまでには、時間がかかりました。

自分が偏見をもっていることに気づいてすらいなかったなんて、今考えるとばかげていて、恥ずかしい気持ちになります。そして、自分が偏見をもっていたことに気づいた頃には、私の中の偏見は、ほとんど消え失せていました。

この頃までに、私の友人の多くはすでに、LGBT＋コミュニティの一員になっていました。子どもの頃の友人たちはカミングアウトしていたし、自分のセクシュアル・アイデンティティや、ジェンダー・アイデンティティを公表している新しい友人もできました。やがて私自身がカミングアウトをした時には、友人たちは難なく私を受け容れてくれました。友人たちや両親との関係が何も変わらなかったことには、ほっとしました。

スウェーデンのように、セクシュアル・マイノリティの人が安心して、希望をもてる国に住む私でさえ、本当の自分を見つけるのにこれだけの時間がかかりました。もしも、セクシュアル・マイノリティに批判的な国で育っていたら、私が自分自身を理解できていたとは思えません。

知ることは、とても大切です。私は知っていたから、ありのままの自分でいることができました。そしてほかの人たちとも、より偽りなく、つながることができたのです。かわいい女の子が私に向かって微笑(ほほえ)んでくれた時に、おなかの底がふるえたっていいのだ、ということを知っていること。私は私のままで、大丈夫だと知っていること。そして、人にどう思われるかとか、誰かの期待を理由に、ありのままの自分に制限をかける必要はないということ。

この本でお届けしたいこと

本書では、読者のみなさんにＬＧＢＴ＋についての基礎知識と、なぜそれが重要なのかをお伝えします。そしてスウェーデンのＬＧＢＴ＋の人々がどんな経験をして、どんなふうに暮らしているかについても、ご紹介します。

スウェーデンという国は、この本にとって重要な背景です。なぜならＬＧＢＴ＋というテーマにおいて、スウェーデンは世界でもっとも先進的な国の一つと言われているからです。ＬＧＢＴ＋の人が差別されないように政府から守られ、オープンに、正直に生きている。その様子を知るのにスウェーデンの例はうってつけです。もちろん、スウェーデンが完璧だというわけではありません。現実にまだたくさんの問題があり、本書の中でも問題点を取り上げています。それでも、スウェーデンがかなり前進してきたことは、間違いありません。

本書では、ＬＧＢＴ＋コミュニティに関する基礎的なコンセプトをいくつか説明します。続いて、スウェーデンのＬＧＢＴ＋コミュニティに属するとはどういうことか、それから、スウェーデンにおけるＬＧＢＴ＋の歴史をお話しします。また現在の課題、社会的見解、政治といった関連する話題についても取り上げます。

何よりお伝えしたいのは、ＬＧＢＴ＋コミュニティの一員であることが実際どんなことなのか。それを垣間見ていただければと思っています。これについては、本書のためにインタビューを受け容れてくれた、親切で多様な方々の話をご紹介したいと思います。事実や議論の合間に、この多様ですばらしい方々の話にふれていただくことで、彼らの経験やアイデンティティに対する考え、それが彼らにとって意味すること、スウェーデンでセクシュアル・マイノリティ、ジェンダー・マイノリティとして暮らすこと、そして彼らの視点から見た世界を共有できればと思っています。

読者のみなさんが、本書をお楽しみいただけるよう願っています——私が本を書くのを楽しんだのと同じくらいに。

では、お話を始めましょう。

第1章 LGBT+ってなんだろう

誰がLGBT+コミュニティに入るの？

規範を打ち破る人々

LGBTは、レズビアン（女性の同性愛者）、ゲイ（男性の同性愛者）、バイセクシュアル（二つ以上の性に惹かれる人。両性愛者）、トランスジェンダー（生物学的な性とこころの性が一致しない人）の頭文字をとった言葉です。ここによく加えられるのが「+（プラスマーク）」で、これはL・G・B・Tという言葉では表現できないアイデンティティをもつ人たちのことです。例えば、A（エイ）セクシュアル（他者に対して性的に惹かれない人）、ノンバイナリー（男女という二つのジェンダーどちらにもあてはまらない人）、ジェンダークィア（規範と異なるジェンダー・アイデンティティをもつ人）、インターセックス（男性や女性の典型的な定義にあてはまらない生殖・性的構造をもって生まれた人）。

初めて聞いたら、きっと混乱すると思います。人間はとても多様であり、このような「ラベル」の多くは、最近できたものです。ラベルなんて使いたくない、という人もいます。ほとんどの社会では、異性を愛することや、シスジェンダー[★1]（生物学的な性とこころの性が一致している人。一致していない人をトランスジェンダーという）であることが**規範**（ノーム）（普通（ノーマル）、標準（スタンダード）であること）[★2]とされています。シンプルに言うと――シンプルに言いすぎかもしれませんが――、この規範（ノーム）を打ち破る人たちはみんな、ＬＧＢＴ＋コミュニティの一員と言えるかもしれません。

もう一つ、最近広まってきた、「ＧＲＳＭ」コミュニティという言葉があります。これは、「ジェンダー・ロマンティック・セクシュアル・マイノリティ（ジェンダーや恋愛的指向、性的指向が少数派に属する人）」の頭文字をとったものです。コミュニティをとてもうまく表している言葉なので、これからもっと目にする機会が増えてくるかもしれません。ですが、この本では、もっともよく知られている言葉の、「ＬＧＢＴ＋」を使うことにします。巻末に関連用語集をつけていますが、本題に入る前に、基礎的な概念をお伝えしておきましょう。

性的指向とは？

性的指向（セクシュアル・オリエンテーション）とは、「その人が惹かれるジェンダーに関連づけられるセクシュアル・アイデンティティ。異性愛者（ヘテロセクシュアル）や同性愛者（ホモセクシュアル）、バイセクシュアルであるという事実を表す言葉[★3]」。簡単に言うと、あなたが誰に惹かれるか、ということを示す言葉です。もしあなたが自分と反対のジェンダーの人だけに惹かれるなら、異性愛（ヘテロセクシュアル）もしくはストレート。

もしあなたが同じジェンダーの人だけに惹かれるなら、同性愛者（ホモセクシュアル）もしくはゲイ。もしあなたが両方もしくは多様なジェンダーの人に惹かれるなら、バイセクシュアルもしくはパンセクシュアル（バイセクシュアルの類義語）。誰にも性的に惹かれることがなければ、A（エイ）セクシュアルということになります。

最近では、性は明快にカテゴリー分けされるものではなく、スペクトラム（太陽光をプリズムに通すと現れる虹色の光の帯のこと。なお日本では「性はグラデーション」と表現されることが多い）のようなものだということが、知られるようになりました。ほかの人より性的に奔放な人もいれば、そうでない人もいるのです。

「惹かれる」とは？

惹かれる（アトラクション）とは、誰かに魅力を感じること。気持ちだけ惹かれる（体にふれたい欲求はない）ものは、含まれません。人によって、恋愛的（ロマンティック）なものであったり性的（セクシュアル）なものであったりします。例えば、性的（セクシュアル）に惹かれるのは異性のみだけれど、恋愛的（ロマンティック）にはどのジェンダーの人にも惹かれる、という人もいるでしょう。この人は、性的（セクシュアル）な指向は異性愛（ヘテロセクシュアル）ですが、恋愛的（ロマンティック）な指向はバイロマンティックもしくはパンロマンティック（複数のジェンダーに対して恋愛的に惹かれること）である、と言えます。恋愛的（ロマンティック）に惹かれる感情とは、精神的な友達の域を超えて、もっと親しくなりたいと思うこと——例えば、セックスまではいかずとも、キスやハグをしたい、もしくはもっと親しくなりたいと思うこと。あるいは、カップルとして二人だけの関係を築きたいと思うこと――こちらもたいていセックスは含まないかたちで――です。

恋愛的（ロマンティック）に惹かれる感情しか抱かない人、もしくは性的（セクシュアル）に惹かれる感情しか感じない人もいます。誰に対しても性的（セクシュアル）に惹かれない人は、**Aセクシュアル**（エイ）と呼ばれます。性交渉にはほとんど関心がないとか、あるいはすでに恋愛的（ロマンティック）な感情をもっている相手にしか性的（セクシュアル）に惹かれないという人は、**デミセクシュアル**と呼ばれます。

多くの人は、相手にとって唯一のパートナーでありたい（つまり、他の人とは恋愛関係・性的関係にならない）と考えますが、同時に複数の人に惹かれる人もいます。同時に二人以上の人と関係をもつスタイルは、**ポリアモリー**と言われます。

どのような関係においてもそうですが、かかわる人すべてがその特別な関係性を理解して、同意していることが、とても重要です。かかわるすべての人が幸せで、情報が十分に共有され、その状況に同意があれば、どんな関係もうまくいくでしょう。人はみな違います。他者に対してどのように惹かれ、どのように愛するかも違うのです。そのことを理解し、人々がありのままでいられたなら、みんなが、きっともっと幸せになれるでしょう。誰もが同じであるべき、と言って型にはめるよりも、その方が幸せなのではないでしょうか。

ジェンダーとは？

ジェンダーは、社会的・文化的な側面の性を表す言葉です。「性（セックス）」が生物学的・身体的な性を表し、生殖器にひもづけられる言葉であるのに対して、「ジェンダー」は、人が自分をどの

	Aセクシュアル	Aロマンティック	スタンダード（標準）
恋愛的（ロマンティック）に惹かれる感情	感じることもある	感じない	感じる
性的（セクシュアル）に惹かれる感情	感じない	感じることもある	感じる

図1 **惹かれること**（アトラクション）**のかたち**

「惹かれる」とは、誰かに魅力を感じること。純粋に精神的なものは含まれません。人によって、恋愛的なものであったり性的なものであったりします。この図は理解の手助けにはなりますが、誰かに惹かれる感情は、そんなに単純で整理できるものではないことも、心にとめておいてください。

作成：Isabelle Halldin

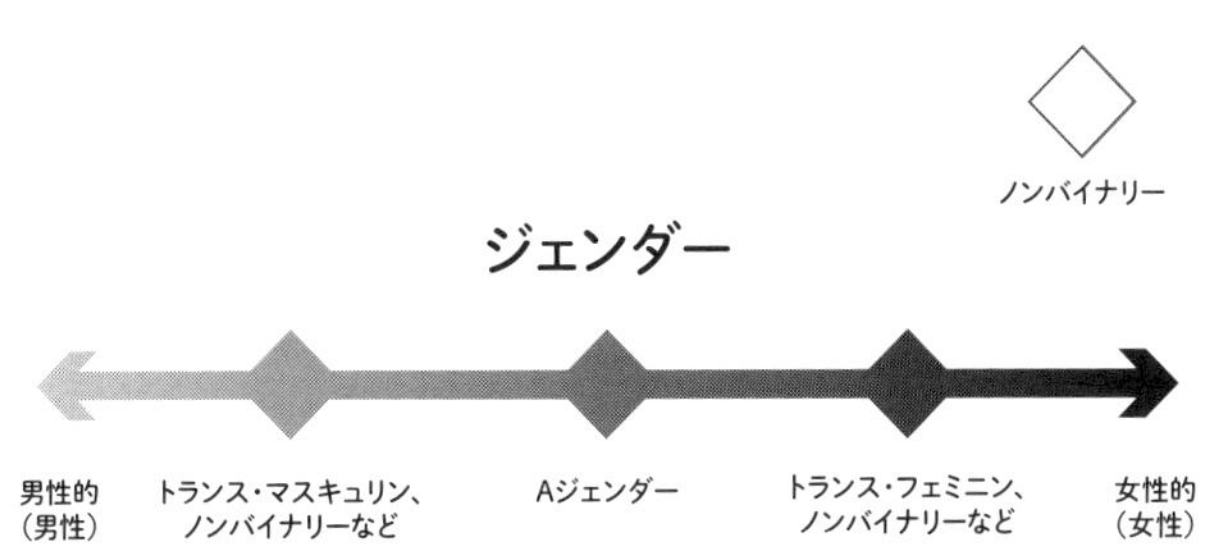

図2 **ジェンダーには連続性がある**

ジェンダーは目盛りで測れるものではなく、あいまいで連続性のあるもの（スペクトラム）です。

ノンバイナリー：男女という二つのジェンダーどちらにもあてはまらないこと
A ジェンダー：どのジェンダーにもあてはまらないこと

作成：Isabelle Halldin

ように認識しているか、社会の中で自分をどのように表しているかにかかわる言葉です。
ほとんどの人はジェンダーと性が一致していますが、そうでない場合もあります。自分のもつ生殖器とジェンダーが一致しない人は、**トランスジェンダー**もしくは**トランス**と呼ばれます。例えば、女性器をもって女性として育った人が、本当は自分が男性だと感じ、男性だと自認することです。この人は、トランス男性と呼ばれます。その反対が、トランス女性です。どちらのジェンダーもしっくりこないという人や、その時によって異なるジェンダーがしっくりくるという人もいます。このような人たちは、自身のことを**ノンバイナリー**〔男性・女性という分け方にあてはまらない性〕もしくは**ジェンダーフルイド**〔ジェンダー・アイデンティティが流動的に変わる人〕と考えています。

注：この章で紹介した図は、ジェンダーと恋愛的指向・性的指向の関係を示しています。でも、これらの図だけでは、すべての関係性やジェンダー・アイデンティティを正確に描写することはできないということも、お伝えしておきます。完全なコンセプトを説明するには、少なくとももう一冊は本を書く必要があるでしょう。ジェンダーは目盛りで測れるものではなく、あいまいで連続性のあるものです。誰かに惹かれる感情は、そんなに単純で整理できるものではありません。もっと知りたいと思われた方は、ＬＧＢＴ＋の団体に問い合わせたり、このテーマに関する本を探すことをおすすめします。紹介した図は理解の手助けにはなりますが、とても複雑なテーマを単純化したものです。それを覚えておいてください。一つの学問領域として「ジェンダー学」があることには、理由があるのです。

ＬＧＢＴ＋の人たちは最近突然増えたの？

どこかからやってきた人々？

　こうした一見新しいコンセプトやアイデンティティは、いったいどこから来たんだろう。そう思った方もいると思います。一時的なトレンドだろうとか、若者が洗脳されている、もしくは想像をふくらませすぎている、と感じたかもしれません。しかし本当のところは、人々がリスクを恐れず、自分自身を自由に探し求めはじめただけなのです。

　もちろん、リスクがないということではありません。世界には、自分に正直であり、ありのままでいること――例えばゲイとして同性との関係を追求すること――で、逮捕されたり殺されたりする地域があります。同性愛やトランスジェンダーが違法でない国でも、地域や宗教によっては、その人の生活がこわされてしまうこともあります。例えば、信仰する宗教が同性愛の関係を禁じている場合には、ありのままの自分でいることで死後に罰を受けるという恐怖を感じるかもしれません。家族や友人に背を向けられたり、追放されたり、最初からいないものとして扱われるかもしれません。自分に正直でいることで、怒りにかられた見知らぬ人になぐり殺されたり、仕事を見つけられなかったりするかもしれません。この時代に、ですよ！

　ＬＧＢＴ＋の権利は、国によりますが、この数十年で、とてつもなく前進しました。それでもまだ、多くのＬＧＢＴ＋の人々が、ありのままの自分でいるということだけで、苦しんでいます。多くの人は一度もカミングアウトすることなく、自分に正直でいるよりも、身の安全と今いるコミュニティを選ぶのです。これはものすごく難しい選択です。ありのままの自分でいることを選ばなかったからといって、誰がその選択を責めることができるでしょう。ものごとは前進していると言っても、これがとても悲しい現実なのです。ＬＧＢＴ＋の人々の権利が他の国より認められているスウェーデンのような国でも、まだまだ完璧ではないのです。

今も多くの人々がそんな状況だったら、昔のセクシュアル・マイノリティやジェンダー・マイノリティの人々はどれだけ大変だったのでしょうか。もし安全な場所がどこにもなく、自分と同じような人に出会う方法がなかったとしたら。

ありのままの自分を語りはじめた人々

現代では、ほとんどの人はインターネットにアクセスして、経験をシェアできる人につながることができます。コミュニティを作り、お互いをサポートし、友情や恋愛を育むこともできます。それも比較的、安全な方法で――インターネット上では、匿名を使ったり、避けたい人から隠れることが、現実の世界よりもずっと簡単ですから。

昔の人は、こんなふうに誰かを見つけたり、自分と同じコミュニティへアクセスすることは、できませんでした。今でも、テクノロジーへアクセスできない人々や、信頼できるインターネット環境がない（もしくはインターネット利用が監視されている）人々は、同じ問題を抱えています。

このような状況では、自分が何者なのか、何を感じているのか、隠そうとするのは無理もないことです。公表した途端に、あらゆるところで高い代償を払うことになるのですから。生まれもったもの、自分では変えられないことが原因で家族や友人を失ったり、仕事を見つけられないなんてことは、どれもひどい罰です。ましてやセクシュアル・マイノリティやジェンダー・マイノリティであることが、犯罪のように扱われるべきではありません。

また、多くの人にとって、自分がストレートやシスジェンダーでないと気づくことすら、難しい状況でした。自由に自分と向き合うなんて、できることではなかったのです。自分はほかの人とは違うのではないか、人との関係や生活のあらゆるところに何かが欠けているのではないかといつも感じながら、自分自身についてとても大切なことに気づかずに、人生を送ってきたかもしれません。自分が何かを失ってきたことに、気づいていない場合もあるかもしれませんが、ありのままの自分を追い求めたり、「こうありたい」という自分に近づこうとできることの方が、その選択肢がないよりも、望ましいのではないでしょうか。

つまり――これらのアイデンティティや性的指向は新しいものではなく、ようやく話題になり、オープンに議論されるようになったというだけなのです。ゲイやレズビアン、トランスジェンダーの人々が突然増えたように見えるかもしれませんが、より多くの人々が、ありのままの自分を語りはじめただけなのです。自分は何者なのか、自分の人生をどう生きたいのか、と考えることを心地よいと感じる人々が、どんどん増えてきたのです。人々は以前よりも、安全と自由を感じているのです。

二〇代半ばに自分がバイセクシュアルだと気づいた私の個人的な意見ですが、こんなにオープンな国に住んでいなかったら、性的指向についてオープンな友人に囲まれていなかったら、私はきっと自分がストレートでないことに気づかなかったと思います。

もしそうだったら、悲劇でしょうか？　知らなければ後悔することもない？　そう思われるかもしれません。でも、自分の本当の姿に気づけないことは、取り返しのつかない損失だと私は思います。はっきり示すのは難しいけれど、私は自分自身のアイデンティティに出合ったことで、前よりも幸せと安心感を覚えるようになったのです。自分をストレートの女性と表現するより、バイセクシュアルの女性と表現する方が、ただただしっくりくるのです。間違いなく、自分がストレートでないことに気づいていない人は世界中にたくさんいます。ある程度気づいていても、心の準備ができていなかったり、認めることができない人もいます。自分の感情を説明できなかったり、隠していたり、気持ちに気づかない人もいます。

ジェンダー中立的な言葉

セクシュアル・マイノリティやジェンダー・マイノリティについて「突然」語られるようになった重要なきっかけは、ほかにもあります。一つはインターネットと、もう一つは多様なジェンダー・アイデンティティやセクシュアル・アイデンティティに関する研究を通じて、より具体的で、使いやすい言葉が出てきたことです。五〇年前にもノンバイナリーの人はいたでしょうが、その概念を表す言葉は、当時はありませんでした。また、このような概念を表す言葉は、LGBT＋の権利が活発に議論され、性やジェンダーについて安全に話せる国にしか、存在しません。

例えばスウェーデンでは最近まで、ジェンダー中立（ニュートラル）的な代名詞**hen**は公式に認められていませんでした。henとは、男性とも女性とも表現されたくない人のために、作られた代名詞です（なおスウェーデン語の「彼」はhan、「彼女」はhonである）。この言葉は、相手の性別がわからない時にも使える便利な言葉でもあります。もちろん、いまだに様々な意見がありますが、スウェーデン人の語彙（ごい）の中には、すでにhenが定着しています。

henは精神的な病気を助長する言葉であると、使うのを拒む人もいます。残念なことに、異性愛やシスジェンダー以外の性的指向やジェンダーは、精神的な病気だと考える人も、まだいるのです。けれどもセクシュアル・アイデンティティやジェンダー・アイデンティティを、転向療法[★4]やほかのいまわしい方法で「治療」する数えきれない試みの結果、逆に、こうしたアイデンティティは治るものではなく、その人の一部であることが証明されています。たしかにＬＧＢＴ＋コミュニティの中では心の病を抱える人が多いのですが、一般的には、孤立しているという感情や、恐怖心、そして社会の理解不足に起因していることが多いのです。ＬＧＢＴ＋の人々がよりよい扱いを受け、権利が守られ、コミュニティの中で安全を感じることができれば、うつや不安といった心の病を抱える人は減っていく傾向にあります。弱い立場におかれたマイノリティが、大きな精神的ストレスを抱えていることは、不思議ではありません。

スウェーデンのジェンダー中立（ニュートラル）的な代名詞について少し補足すると、ジェンダー移行期（トランジション）（性別適合手術[★5]などを受けて一つのジェンダー表現[★6]から別の表現に変わること）にあるトランスジェンダーの人々にとって、henは使いやすい言葉です。これまで使ってきた代名詞（女性もしくは男性の代名詞〕も、新しい代名詞も、どちらもしっくりこないことがあるからです。もちろん、スウェーデン語以外にも、すでにジェンダー中立的（ニュートラル）な代名詞が存在する言語もあります。でも、まだその言葉がない言語においては、私たちみんなの生活がより安らかになる、新しい解決策を探す必要があります。誰もが心地よく、そして正しく自分を表現できることが、公平なあり方ではないでしょうか。

LGBT+の素顔

ホルギャー「ぼくは男性／女性という分け方の外にいる」

ホルギャーは二四歳のノンバイナリー（男女というジェンダーの分け方にはどちらにもあてはまらないこと）**です。若者のリーダーとして、子どもたちに様々なアクティビティ**（活動）**や支援を提供するユースセンターで働いています。ホルギャーは、トランス・マスキュリン**（男性に近いアイデンティティをもつノンバイナリー）**のボーイフレンドと暮らしています。**

ぼくはつい一カ月前にカミングアウトしたんだ。ぼくには姉ともう一人きょうだいがいるんだけど、そのきょうだいは、ぼくと同じくノンバイナリーで、とても遠くに住んでいる。姉はぼくと同じ街に暮らしているよ。ぼくは今、友人とパートナーと三人で暮らしているんだ。実はもうすぐ、道路の向かい側にあるもっと素敵なマンションに引っ越す予定。今住んでいるのは居住用じゃなくてオフィスとして使われていた建物だから、引っ越すのをとても楽しみにしているんだ。

ぼくとパートナーは付き合って六カ月になるんだけど、実は二年ほどは友人だった。ティンダー[★7]というアプリを通して出会ったんだけど、彼はその時、恋愛的な関係に興味がなくて。すぐに友達でいようって話になった。たくさんの時間を一緒に過ごしたけど、連絡をしない時期もあったよ……。それからしばらくして、彼がインスタグラムでメッセージを送ってきて、ぼくたちは接近したんだよね。ところで、彼はノンバイナリーのトランス男性[★8]なんだ。

　ぼくにとってノンバイナリーであるということは、自分は男性じゃないし、女性でもない、ということ。つまり、「男性／女性という二つの分け方（バイナリー）」の外側にいるんだ。

　そのことについて、家族と話したことはあまりない。話したところで家族もあまり気にしないと思う。ぼくのきょうだいの一人は、はじめトランス男性としてカミングアウトして、その後、ノンバイナリーの方がいい感じだと言ってるしね。そのきょうだいを呼ぶ時の正しい代名詞を覚えるのに苦労している家族もいるけど、みんなぼくたちのことを受け容れてくれているし、愛情深いんだ。家族は誰もぼくのセクシュアリティについて聞かなかったし、気にもとめなかった。だから、ストレートでないことをカミングアウトする必要もなかったんだよね。ぼくの母は、彼女が育った地域に今も住んでいるよ。とてもリベラルな地域なんだ。

　ここ数年、ぼくは自分自身のこと、そして自分のアイデンティティについて、学びを深めてきた。最初は二一歳くらいの時。自分が心の病気にかかっていることに気づいたんだ。常につらさを感じてはいたんだけど、それまでは病気だと気づかなかった。その後、自分がストレートじゃない、ノンバイナリーだ……って気づいた。ラッキーなことに、同じノンバイナリーのきょうだいがとても気にかけてくれた。調子はどう？といつも声をかけて、自分のことや自分の経験をいろいろと話してくれたんだ……。

　実はカミングアウトするかどうか、かなり考えたよ。パンセクシュアル（複数のジェンダーに惹かれること）だとカミングアウトした時も同じだったんだけどね。――その時もぼくは、本当はカミングアウトする必要はないんじゃないか？　自分はクィア（セクシュアル・マイノリティやジェンダー・マイノリティを表す言葉）って言うほどじゃない……。って考えてた。でも結局、パンセクシュアルとしてとにかくカミングアウトしたら、とても気持ちがよかった。それからしばらくして、今度はノンバイナリーだとカミングアウトした。

　最初は自分でも疑問だったし、自分はきっと男だ、それでいいじゃないかって考えようとして、もがいていた。価値のある、いい男になろうってね。でも、ずっとそれでいいのかと問い続けていて、ようやくある夜、パートナーに話したんだ。すると、パートナーはすぐに言った。「へえ、そうなの！　あなたがもっと楽になるために、ぼくには何ができる？」ってね。次の日、ぼくたちは今度はルームメイトに打ち明けて……。驚いたよ！　とてもしっくりくる！って。こうしてぼくは周りに自分のことを話すようになって、だんだん、多くの人にカミングアウトするようになったんだ。みんなしっかり受け容れてくれたよ。「カミングアウトできてよかったね！」「ほんとに！　ありがとう！」ってやりとりをした。カミングアウトするほどクィアじゃない、ともがいていたぼくが、こうして、葛藤を乗り越えたんだ。

多くのLGBT＋の人々と付き合って感じるんだけど、自分の姿に後から気づいた場合、そのことでもがくのは、よくあることみたい。「自分自身にオープンになれるなんてすばらしいよ！　感心する。おかげでほかの人たちも、もっとオープンに話しやすくなるね！」と思うかもしれない。でも、自分で自分に疑問をもっている時は、「ほかの人が必要としているコミュニティの居場所を、ぼくが邪魔してしまうんじゃないか？」と心配してしまうんだよ。そんなことはありえなくても、「もしも……」って考えちゃう。でももちろん実際は、まったく逆なんだよね。多くの人が自分のセクシュアリティや、ジェンダー・アイデンティティをオープンにすればするほど、もっと受け容れられやすくなるし、ほかの人も同じように話しやすくなるんだ。

二年前、初めてプライド（LGBT＋の権利や文化、コミュニティへの支持を示すイベント）に参加した。ぼくがメンバーになってるグループとしてね。いろんなLGBT＋の旗が売られていて、母はぼくときょうだいに「どれか欲しい？」と尋ねてきた。ぼくのきょうだいは、「トランスジェンダーの旗が欲しい」と言ったよ。ぼくが「『パン』の旗が欲しい」と言ったら、母は「『パン』って何？」と聞いたんだ。それでぼくが「相手のジェンダーが何かまったく関係なしに、人に惹かれたり、恋に落ちたりすることだよ」と言ったら、母は叫んだんだよね。「まあ！　それって私のことじゃない！」って。母は、自分のラベルについて、ちゃんと考えたことがなかったんだ。

理想的には、ラベルなんてない方がいい。だけど、それを期待する人がいるあいだ、今はまだラベルが必要。ぼくの少し年上の同僚は、子どもが自分のことを理解できるくらい大きくなるまで、意図的に、ジェンダーを決めつけないようにしてる。今、そんな変化が始まっているのを感じる。一〇〇年前から強固にあった構造を、ぼくたちは今変えていってるんだ。

自分がノンバイナリーだと気づき、カミングアウトしてから、ものごとが少し違って見えるようになった。なんて言うか……自分を表現する正しい代名詞を使っている。特に、本当に最近、みんながhenという言葉を使おうと努力しているのを聞くとありがたいし、ぼくたちの関係が社会にとっても大事なんだと思えるよ。もちろん、周りがほとんどLGBT＋に慣れてる人たちっていうのも、あるんだけどね。数年前の自分とは違って、どんな問題があってそれをどう解決するのか学んできたから、ここまで来られたように思うんだ。

自分の名前を、ホルギャーに変えることにしたんだ。ホルギャーは、もともと曾祖父の名前からとったぼくのミドルネーム。ぼくの父は自分の家族と仲が悪かったから、父方の家族とはあまり接点がないんだ。でも、曾祖父はすばらしい人だったそうだから、会ったこともないけれど、父方の家族につながりのあるこの名前が好きなんだ。

幸い、ぼくはまだ差別にあったことがない。付き合う人はすごく選んでいるし、よく知っていて、信頼している人としか付き合わないから、嫌なことを言われたこともない。それに、ぼくはとても体が大きくて男性的に見えるから、どんなに派手でキラキラした恰好で街を歩いても、誰もちょっかい出せないのかも。スウェーデンの外でも、なぐられたり刺されたりするような危ない国でない限り、自分のことをオープンにするようにしてる。ちょっと怖いと思うことがあっても、自分自身でいられるように努めているんだ。

スウェーデンでも、危ないことは時々起こるよ。大げさかもしれないけど、ぼくにとっては大きな一歩を踏み出した時を覚えてる。友人とクラブに行こうとしていたんだ。ぼくはクラブから一〇分しか離れていないところに住んでいて。でもその時、友人が約束をキャンセルした。それはちょうど自分のことを理解しはじめていた頃で、ぼくはクラブに行くのをとても楽しみにしていた。「さあ、どうする?」と考えて、とにかくぼくは行くことにしたんだ。たった一〇分しか離れてないんだし、帰ろうと思ったらすぐ帰れる。そう思って明るいブルーの髪、キラキラ輝く目もとを作って、ふわふわの大きな白いコートをはおって、家を出た。でも、内心おびえていた。ずっと住んでいた地域の中の、たった一〇分しか離れていない場所。近くに暮らすのは子どものいる家族ばかりで、ほとんど何も起こらない。それでも、ぼくはおびえていたんだよ。金曜の夜だし、遅い時間だったから。でも、何も起こらなかった。クラブに着いた時、そこにいた人たちは、ぼくのジャケットとお化粧をほめてくれた。

それ以来、外へ出るのがたいしたことじゃなくなったんだ。うまくやっていけるようになったのはラッキーなことだけど、それは、やっぱりぼくは背が高くて、肩幅も広くて、白人で、男っぽい見た目だからできるんだと思う。誰も、ぼくとけんかしようとは思わないからね。

ＬＧＢＴ＋の人にとってのスウェーデン……。そうだね、とてもよい場所だと思うよ。少なくとも、ほかの国よりは、いろんなことがよい状況だと思う。でも、正直に言うと……そこまですばらしいとは言えないかな。

最近、とても人気のクィア向けバー／クラブが閉鎖されたんだ。ほかのクラブと比べたらそんなにうるさくないし、少なくとも夜一時には音楽を止めるんだけど、近所に住む人から騒音について苦情があったんだよ。

最終日の夜、クラブにはたくさんの人が集まって、建物の外にまで人があふれていた。そんな中、道路の向こう側に住む人が、窓からどなりはじめたんだ。それから、銃を振り回して。……警察が呼ばれたよ。クラブが閉鎖する最後の夜だったんだ。どなった人は、メディアにこう説明した。騒音にうんざりしていたって。でも誰もが、それが本当の理由じゃないと知っていた。もしかしたら理由の一つではあったかもしれないけれど、すべてじゃない。外に出るのが危険すぎるので、クラブに集まった人たちは、三時間も屋内から動けなかった。あのクラブは、ストックホルムで最後の、クィアにとってちょうどいい居場所だったんだ……。ほかにも二つ、クィアのクラブがあるけれど、一つはものすごく高価で敷居が高い。それに、ほかのクラブがたくさんある場所は、とても危ない。けんかは起こるし、クィアの人々が道路で襲われたりするし。もう一つのクラブはとても人気だけど、そこに行く人たちはいつもいまいちだと言うし……。こんな感じで、最後のいい居場所が閉鎖されてしまったんだ。

ほかの都市や町には、ストックホルムよりももっとこうした場所がないと思う。ＬＧＢＴ＋にとって、まだまだ理想の姿じゃない。プライドは商業的すぎて、違うって思う。全体としてみると、スウェーデンはＬＧＢＴ＋の人々にとってすばらしい国じゃない。法律と、政治家たちの態度や発言のあいだには、ギャップがあるようなんだ。政治家はがんばっているけれど、あんまりうまく機能していない。例えば、トランスジェンダーを診ることのできる医者は十分にはいないし、ＬＧＢＴ＋の人々のための医療は改善されるべきで……。外から見れば、スウェーデンは、これまでで最高の国かもしれない――やりたいことができて、なりたい人になれる――。それは真実に近いかもしれないけれど、完全な真実ではないよ――悲しいけどね。誰もが自分の望む人でいられるけれど、同時に、言論の自由にもとづくヘイトスピーチも許されるんだ。それが、法律にそむくような内容だったとしても。

ノンバイナリーの一番大きな問題は、この概念がまだ理解されていないことじゃないかな。それに、ノンバイナリーという言葉の意味は、人によっても少しずつ違う。クィアのコミュニティの中でさえ、ノンバイナリーの人は小柄で女性的、というステレオタイプもある。特にシス〔生物学的な性とこころの性が一致している〕の同性愛者（ホモセクシュアル）の男性は、正直なところ、少し決めつけがちだったりする。でも、ほとんどの人がノンバイナリーのことを知らないだけで、実際に説明すればわかってくれる。「ありがとう、知らなかったよ！」ってね。

ノンバイナリーが本当に何を意味するのか、必ずしも質問しなくたって、知りたいと思ってくれて、受け容れてくれる人が大事。これまで一緒に働いてきたたくさんの人たちや、中年の人たちは、まったくジャッジしない。彼らにはただ好奇心と知識欲があって、もっと正しくかかわりたいし、もっと親切にしたいと思っているんだ。人は知りたいものだし、よりよくありたいと考えるもの。そんな人がいるということを知れるのは、とても素敵なことだと思う。

原注

★1 シスジェンダー　トランスジェンダーの対義語で、自分のこころの性が生物学的な性別や生い立ちに一致している人。シス（CIS）とはラテン語で「同じ側」、つまりシスの人のジェンダーは、生まれた時にあてがわれた生物学的な性と一致する、同じ側にあるという意味。

★2 規範（ノーム）　普通、典型的、もしくは標準と言えるもののこと。ここでは社会であたりまえとされていることを指す。例えば、規範的な性的指向は異性愛で、規範的な家族は父と母のいる核家族、といったこと。規範は社会によって異なり、時代とともに変化する。

★3　オンライン辞書Lexicoの定義より。＊

★4　転向療法　反LGBT＋のグループ、特に宗教的なグループによってよく行われる、セクシュアル・マイノリティやジェンダー・マイノリティの人を「治す」ための治療法。例えば電気ショックを使った暴力的なものや、罪や恥を利用してアイデンティティを抑圧するようなものもある。それによってうまくいくという人もいるが、転向療法の長期的な結果は証明されておらず、またその残虐性のため国際連合から非難されている。

★5　性別適合手術　「性転換（セックス・チェンジ）」とも言われる。

★6　ジェンダー表現　自分のジェンダー・アイデンティティを表現する方法。例えば、女性として女らしさを表現する方法は、髪を長くしてドレスを着ること、など。

★7　ティンダー　デート相手を探すアプリ。

★8　ノンバイナリーのトランス男性　自分のことを一〇〇パーセント男性とは考えないが、自分を女性よりも男性に近いと考える人。ノンバイナリーとは男性でも女性でもない人。たいていジェンダー中立的（ニュートラル）な代名詞か男性代名詞を使う。

第2章

スウェーデンの価値観とＬＧＢＴ＋の関係は？

スウェーデンの価値観とＬＧＢＴ＋

上下関係がほとんどない社会

スウェーデンは、セクシュアル・マイノリティやジェンダー・マイノリティにとって、もっとも住みやすい国の一つとして知られています。でも、なぜそのような国になったのでしょうか？　スウェーデンはほかの国と比べて、ＬＧＢＴ＋の人々がどれだけ暮らしやすいのでしょうか？

まずスウェーデンには、福祉制度の充実したリベラルな国、というイメージがあります。高い税金を払うのと引き換えに、スウェーデン人は安価な医療や教育の無償化といった恩恵を受けているのです。個人は社会のために働くべき、という国民的合意の文化もありますが、スウェーデンでは正反対の考え方です。個人のニーズがきちんと満たされるようにするのが社会の役目で、すべての人が有意義で、安全な暮らしを追求できると考えられています。

スウェーデン人は一般的に、個人の独立、自由、平等を尊重しています。実際、スウェーデンにはほとんど上下関係がなく、社会的なステータスは、日常生活の中でほとんど重視されません。一方、例えば日本では、人の名前に肩書きをつけたり、名字に「さん」や「様」といった敬称をつけたりしますよね。それから、誰に対して話すかによって、話し方を変えます。しかしスウェーデン人は、すべての人が同等に扱われるべきだと強く信じているのです。ほぼどんな場所でも、名字でなく名前で呼ぶのが普通ですし（上司や先生、政府の役人に対してでもです！）、知らない人と話す時も、友達や家族に話しかけるのとほとんど同じ口調です。もちろん、学会や職場のフォーマルな場所などではスラングは使いませんが、日本語のような敬語はありません。またスウェーデンでは、高給の職業や高名な地位についていたとしても、他の人より尊敬されるべきとは考えられていません。会社の経営者であれカフェでパートタイムで働く人であれ、すべての人が尊重され、同じように扱われるべきだとされているのです。

それってこの本に関係あるの？　と思われたかもしれませんね。ここでこの話をしたのは、スウェーデンの価値システム——つまり社会的地位にかかわらず他者を尊重し、誰もが自立して自由に生きられるよう勇気づけること——が、保守的な国に比べると、マイノリティがオープンに生きられる、とてもリベラルな社会につながっていると思うからです。例えば、スウェーデンでは他国よりも男女平等が進んでいて、女性が生きやすい国です。[★1]

スウェーデンは世界で初めて「フェミニスト政府」を名乗っていますが、これは、ジェンダーの不平等はすべての人にとって深刻な問題だ、という政府の認識を示しています。「フェミニスト」という言葉を使うことで、ジェンダー平等は社会にとって重要で、達成されるべきであると政府が強調しているのです。「男女平等大臣」というポストも存在し、社会のジェンダー平等を達成するために、差別をなくそうと活動しています。現在はオーサ・リンドハーゲンが男女平等大臣のポストについており、スウェーデンのＬＧＢＴ＋の権利についても責任をもっています（二〇二〇年三月現在）。

平等の価値は男女だけにとどまらず、多様なセクシュアル・マイノリティ、ジェンダー・マイノリティにも広がっています。スウェーデン社会は、多数派のためだけでなく、**すべての人**のものであるという合意があるのです。

働き方と宗教観

このような価値観を表すもう一つの分野が、ワークライフバランスです。（本人の選択かどうかは別として）働くために生きている人もいますが、ほとんどのスウェーデン人は、個人の人生はおろそかにされるべきでないし、幸せな人の方がよりよい仕事をする、と考えています。スウェーデンでは、自分の人生を生きるために働くのです。年齢や職業に関係なく、有給休暇は毎年二五日間あります。[★2] 仕事を少し休んで、学んだり旅行したり、自分のビジネスを立ち上げたい場合には、一年の無給休暇であるサバティカル休暇を取得する選択肢もあります。この休暇が終わった後には、元の仕事に戻る権利が保障されています。また、子どもが生まれた時の両親休暇もたっぷりあって、仕事に戻れるかどうか心配することなく、子どもとの時間を過ごすことができます。このように、個人が安心して、満足な人生を送る権利を尊重してきた背景もあり、セクシュアル・マイノリティやジェンダー・マイノリティにもリベラルな価値が広がってきているのです。

また、スウェーデンが宗教色の強い国ではないことも、ＬＧＢＴ＋の人々に対して先進的な考えをもつことに、プラスになっているかもしれません。歴史的にはスウェーデンはプロテスタントの国で、多くのスウェーデン人は今も教会で結婚式をあげ、教会の墓地に埋葬されます。しかし実際には多くの人は、あまり宗教的ではありません。★3 また、国家としてのスウェーデンも非常に世俗的で、しっかり政教分離されています。多くの宗教はＬＧＢＴ＋に対して非常に保守的な考えをもっており、宗教の影響力が強い場所ではＬＧＢＴ＋の人々が差別されたり、ＬＧＢＴ＋であることが犯罪とされてしまうことすらあります。

スウェーデンの社会と価値観に関する論点はたくさんありますが、すべてのスウェーデン人が同じ価値観を共有しているわけではない、ということは、覚えていてください。この本にはもちろん、事実やデータを載せていますし、私は著者として自分の個人的な意見でなく、スウェーデンにおけるＬＧＢＴ＋についての信頼できるガイドを書こうとしています。ですが、私の個人的な意見や経験、価値観が、この本の内容に影響を与えているのは間違いありません。

私はスウェーデンで一番人口の多い都市ストックホルムで育ち、おもに「スウェーデンの大きな街に暮らす、無宗教でバイセクシュアルの若者」としての経験をしてきました。同じ国、同じ法律のもとで暮らしていても、世代が異なり、信心深く、小さな町や村に暮らす人であれば、全然違う経験をしているに違いありません。

人々の態度は、とても多くの要因によって変わるものです。ですから、この本で書いたことは多くの人にとっての真実ですが、**すべてのスウェーデン人**や**スウェーデンのすべて**を映し出しているわけではない、ということです。それを、読者のみなさんに知っておいていただきたいのです。ただ一冊の本で、すべての人やすべての意見を伝えることはできません。私には、一般的な意見や考え方、そして様々なスウェーデンのＬＧＢＴ＋のストーリーを共有することしか、できないのです。

この本だけではＬＧＢＴ＋コミュニティに関してお伝えできない側面も必ずあります。しかし何より、声をあげているＬＧＢＴ＋の声に耳をかたむけ、真剣に向き合うことが大事ではないでしょうか。正しい現実に近づき、何が起こっているか理解を深めるためには、当事者の声に耳を傾けるしかないのです。

スウェーデンはＬＧＢＴ＋フレンドリーな国？

これは、答えるのが少し難しい質問です。簡単に言えば「イエス」。スウェーデンではＬＧＢＴ＋の人々は比較的安全で、守られています。でも完璧からは、まだかけ離れています。とてもよく理解され、法律にもしっかり保護されているグループもありますが、弱い立場におかれているグループもあります。

　例えば、ほとんどの人は同性愛を受け容れていますが、トランスジェンダーは、まだ受け容れられているとは言えません。体とジェンダーが一致しない**性別違和**（ジェンダー・ディスフォリア）[★4]と診断される人の数は、最近大幅に増えています。でも、トランスジェンダーの正当性を疑っている人はまだ多いのです。一〇～一九歳の若者で、女性として生まれ性別違和（ジェンダー・ディスフォリア）と診断された人は、男性として生まれ性別違和（ジェンダー・ディスフォリア）と診断された人の数を、大きく上回っています。性別違和（ジェンダー・ディスフォリア）と診断された女の子は、二〇〇八年には二八人でしたが、二〇一八年には五三六人に増えています[★5]。診断数の増加を心配する人も多くいます。現在の性別違和（ジェンダー・ディスフォリア）の手術（性別適合手術）は比較的新しいものであり、とりわけ性別適合手術を若いうちに行った場合、後悔する可能性が懸念されています。トランスジェンダーについては後の章で詳しく書きますが、誰にとっても一〇〇パーセント完璧な治療はないものの、性別適合手術は多くの人たちの生活をよりよくしているという点だけ、ここではお伝えしておきます。

　スウェーデンでトランスジェンダーが精神的な病気と考えられなくなったのは、つい最近のことです。二〇〇九年に定義が変更されましたが、それまでトランスジェンダーは病気と考えられていました。もちろん、この「トランスジェンダーであること」に対する考え方は、多くのトランスジェンダーにとって大きなトラウマでした。周囲の理解不足のために、多くのセクシュアル・マイノリティやジェンダー・マイノリティは、自分に問題があるのではないかと心配していたのです。ですから、自分の感情やアイデンティティが精神的な病気からくるものだと言われることは、疑いなく、多くのトランスジェンダーにとってトラウマとなることでした。さらにショッキングなことに二〇一三年まで、身体のジェンダー移行（トランジション）を希望するトランスジェンダーの人々は、強制不妊手術を受けさせられていました。[★6] 政府はその後、手術を強制された人すべてに謝罪し、この法律によって引き起こされた被害に対して賠償金を支払いました。

現在のスウェーデン政府は、ＬＧＢＴ＋コミュニティに属する**すべての人**が暮らしやすい社会となるよう、積極的に働きかけています。同性のカップルは、男女のカップルと同じように結婚することができます。女性同士のカップルには、人工授精で妊娠するための助成を得る権利があります。同性のカップルは、子どもを養子として迎える権利もあります。またスウェーデンは、「母親休暇」「父親休暇」の名称を「両親休暇」に変更しました。[★7] 親であることに、もはやジェンダーは関係なくなったからです。企業や団体（政府も含みます）には、ＬＧＢＴ＋の平等を達成し、差別をなくすべく、組織内で積極的に働きかけることが要求されます。問題が起きてから取り組むのではなく、最初から問題が起こらないようにすることを求められているのです。

ストックホルムを歩いていると、虹の旗をかかげたゲイバーやクラブがあり、室内だけでなく屋外でも、多様なカップルが寄りそって座っているのを見かけます。私の友人のほとんどは、セクシュアリティやジェンダー・アイデンティティをオープンにしています。それでも、まだまだ完璧ではありません。異性を愛することや、シスジェンダー（生物学的な性とこころの性が一致していること」がまだ社会の規範（ノーム）なので、そこからはずれる人は、人と知り合うたびにカミングアウトしなければ、ストレートだと思われるでしょう。

でも特に都市部では、状況が変わってきています。私と同年齢くらいの人たちは、「ボーイフレンドはいる？」とは質問しません。「ボーイフレンド〝か〟ガールフレンドはいる？」と言うのです。これは進歩ですよね！

ＬＧＢＴ＋の暮らしを改善するために、スウェーデンができることはまだまだあります。同性愛嫌悪（ホモフォビア）やトランス嫌悪（フォビア）は、いまだに都市や田舎でも存在します。けれども——同性カップルに結婚する権利や子どもをもつ権利があり、トランスジェンダーの人々が性別適合手術を受けてより自分らしく生きられて、すべての人が法律で守られていることを考えると、スウェーデンはたしかに、ＬＧＢＴ＋フレンドリーな国と言えるでしょう。

LGBT+の素顔

リカルドとみっつん「ぼくたちは、アメリカでの代理母出産を選んだ」

リカルドとみっつんは、スウェーデン人と日本人のゲイカップルです。東京、ロンドン暮らしを経て、現在はリカルドの出身地であるスウェーデン北部に一緒に住んでいます。スウェーデンに引っ越してから、小さな息子が生まれました。みっつんは自分たちの暮らしをブログに書いていて、二〇一九年には『ふたりぱぱ　ゲイカップル、代理母出産（サロガシー）の旅に出る』（現代書館）として出版もされました。

みっつん　東京で出会ったのは、たしか二〇〇八年の九月だったよね？

リカルド　うん、ぼくはその時東京に住んでいた。東京には一〇年くらい暮らしてたんだ。東京で何年か働いていて、その前は学校にも通っていたんだ。

みっつん　リカは最初の一年は、仙台にも住んでいたよね。ぼくたちはインターネットで出会ったんだ。

リカルド　そうそう、ソーシャルメディアでね。

みっつん　結婚したのは二〇一一年。東京で三年近くは付き合っていたことになるね。その頃、リカがロンドンで仕事についたんだ。それで、ロンドンに一緒に引っ越して、そのまま結婚すればいいと考えるようになった。ぼくたちは生涯の伴侶になる、って感じるようになっていたからね。それで、二〇一一年に結婚して、一緒にロンドンに移ったんだ！今はスウェーデンに住んで四年になるね。ぼくたちの息子は今四歳とちょっと。だから、彼が生まれたのと同じ頃、スウェーデンに引っ越したことになる。ぼくたちは、アメリカでの代理母出産を選んだ。どうやって子どもをもてるかって考えはじめていて。養子縁組も検討したし、里親とかの、ほかの選択肢も考えたよね。

リカルド　それから共同養育も。

みっつん　そうそう、ほかのカップルとの共同養育。でも、ぼくたちにとってベストだと思ったのが、アメリカでの代理母出産だったんだよね。ぼくたちの子どもを、二人だけで育てたいと思ったから。ほかにもあったけど、それが一番大きな理由だった。いろんな国の代理母出産を調べたけど、アメリカが一番よくて、安定しているようだった。

リカルド　そうだね。アメリカには代理母出産の長い歴史もあるし、プロセスが確立している感じかな。それにアメリカでは、代理母出産にかかわる人すべてがしっかり守られていると思ったんだ。両親になるぼくたちには、法律で守られた権利がちゃんとある。それだけじゃなくて、代理母となる人の権利も守られている。契約法が適用されるから、すべてが明確だし、全員が保護されているのが明白。不確かなことがほとんどなかった。

みっつん　うん。代理母出産で生まれる子どももそうだよね。だから、両親、代理母、子ども、三者すべてが守られている。州によっても違うけど、基本的にはとてもよく規制されている。

リカルド　アメリカでは、法的手続きなどがどれもすごくスムーズで、法整備もしっかりしていた。スウェーデンでの手続きは大変だったよ。スウェーデンの当局で働く多くの人にとっては経験のないことだから、理由もわかるし、文句を言うわけじゃないんだけどね。プロセスとしては下級の家庭裁判所で行われる養子縁組のものとほぼ同じなのに、僕らの場合、上級の地方裁判所で決定しなければならなかった。出てくる結果は同じなんだけど、時間がかかるんだよ。ぼくたちを同性カップルだからと差別しているわけじゃない。法務当局が、確信もなく代理母出産という前例が少ない中で判断する場合には、慎重にならざるをえないということだね。

みっつん　スウェーデンのＬＧＢＴ＋コミュニティがこれからどう変わっていくかについては、何とも言えないね。男性同士のカップルと、女性同士のカップルのあいだでも求める法整備など、違うことはたくさんあるし。今後どうなるかなんて、まったくもってわからない。スウェーデンの人たちは、男性同士であれ女性同士であれ同性の両親を特別視せず応援しているけど、ぼくたちは身体的に妊娠することができないからね。現在、女性同士のカップルは高度生殖補助医療などを利用できるけれど、男性同士のカップルは同じように生殖補助医療を受けられるようにはならないかな。

そうだね……ここルーレオ（スウェーデン北部の港町）では、ゲイの両親に対して難色を示すようなことは感じない。ぼくたちの息子は幼稚園に行っているけれど、園はとても協力的だし、みんなとてもいい人たちだよ。こんなに小さい町だけど、ルーレオで差別を感じたことは、一度もない。それに、ぼくたちはとても幸せなことに、息子の共同親権をもっている。日本では、同性のカップルが法的に子どもの共同親権をもつことは認められていない。親が二人とも子どもの後見人として認められないと、両親にも子どもにも、様々な問題が起こる可能性があるよね。

リカルド スウェーデンでは法律を変えて、ゲイの男性たちが養子を迎えられるようにすることは簡単だった。物議をかもすことではないからね。でも、代理母出産は複雑な問題なんだ。政治家が動くまでには時間がかかると思う。残念ながらね。しばらくは、今のままの状態（代理母出産に関する法整備がない状態）が続くと思う。

みっつん でも、子どもを養子に迎えたいと考えるゲイカップルにとっても、たくさんのハードルや困難があるみたいだよ。子どもやその親に対する支援が手厚いスウェーデン国内には、里親や養親を待っている子どもたちがそんなにいないから。だから、多くの人は外国から養子を迎えるけど、ゲイカップルにとっては、それが難しい。なぜなら、ほかの国はLGBT＋に対してそこまで先進的ではないからね。ゲイの男性が子どもをもつ時に難しいのは、こういうことだね。

リカルド ぼくたちは、家族をもちたいと思ってロンドンからスウェーデンに引っ越してきた。でも、最初に引っ越してきた時は、こんなに長く住むことになるとは思わなかったんだ。ぼくの家族は一〇分離れたところに住んでいる。近くに家族がいるのはいいね。ぼくの兄弟の子どもたちは同じ年頃で、息子には年の近いいとこがいる。とてもいい環境だよ。

みっつん ここに住んでみて実感するのが、スウェーデンと日本では、ＬＧＢＴ＋にとって大きな違いがある。ゲイであることを隠さず生きていきやすいこと。でも、ぼくたちが日本を出て約一〇年、正確には八年前に、日本を離れているからね。この八年、いや五年間で、日本は大きく変わってきた。だから、スウェーデンと今の日本をうまく比較することは、ぼくにはできないな。でも日本に住んでいた時、ぼくは大勢にカミングアウトできなかった。幸い、数人の親友にはカミングアウトできたんだけど。家族にカミングアウトしたのは、ぼくとリカが結婚する時だった。最初はぼくの姉に、そして姉が、ほかの二人の兄に伝えた。それから一年後、両親に伝えた。「ぼくはゲイで、スウェーデン人の男性と結婚する。ぼくたちはロンドンに引っ越す」ってね。両親はものすごく驚いたよ。でも、運よく姉や兄たちがぼくを助けてくれて、それで両親は落ち着いたんだ。それから数年後、ぼくはリカを両親に会わせた。時間はかかったけれど、すべてうまくいったんだ。

でも、そうだね……。今は自分に自信をもてるし、ありのままでいられると感じる。もし今日本に引っ越すとしても、カミングアウトして生きていけるだろう。自分は自分のままで大丈夫って思えるようになったから。でも、以前日本に住んでいた時は、そう思えなくて、とても怖かった。ぼくは名古屋で生まれたんだけど、東京に住んだ時は、とても解放された気分になった。今までより自由だと感じたんだ。それからロンドンに引っ越した。ロンドンも東京みたいに大都市で、いろんな人がいて、さらに多様性があった。その後、ロンドンからこの小さな町、ルーレオにやってきた。いろんな都市に住んでみて、もちろん国によって違いはあるけれど、小さな町と大きな街にも違いがあることにも気づいた。それに、名古屋は小さい街ではないけれど、とても保守的。それに、そこが自分の生まれ故郷だってことも、少し状況を難しくしていたかな。あの頃、カミングアウトする日が来るとは思ってもみなかった。でも今はこれまでの経験があるから、ありのままの自分でいることに自信をもっているよ。

リカルド　みっつんの話にあったように、大きな街に引っ越す時には、新しい環境を作るチャンスを得られると思うんだ。突然新しい人に囲まれて、ＬＧＢＴ＋コミュニティの一員になることもできる。それはスウェーデンでも、イギリスでも、東京でも同じだと思う。そこには類似点がたくさんあって、多くのゲイの人たちは同じ経験をするんじゃないかな。

スウェーデンと日本の重要な違いは、ゲイの人たちが両親にカミングアウトするのが、日本ではとても難しいってことかもしれない。スウェーデンでも難しいことではあるけれど、日本ではもっと難しい。その理由の一つとして、文化的な違いで説明できるんじゃないかな。スウェーデンでは、この二〇～三〇年で、個人のアイデンティティをもつこと、そして家族を含め社会がその個人を尊重することがとても重要になってきた。一方、日本では、個人のアイデンティティや信条を主張することは、わがままであると捉えられることが多い。だから、自分のアイデンティティは家族から切り離して考えて、まわりにうまく合わせようとする傾向があると思う。

その理由として、日本では、経済的に若い人が家族にとても依存している事実も、関係あるかもしれない。スウェーデンでは、大学の学費も無料だし、生活費も低金利のローンが組めるから、若い人たちが日本より早く経済的に自立できる。だけど日本では、大学の学費や家賃、旅行に行く費用などは、家族が支払うケースが多い。だから、カミングアウトして絶縁されようものなら、経済的に困窮することにもつながりかねない。それが、若い人たちがカミングアウトしないことを選択する一つの要因になってるんじゃないかと思う。実家から出て自分の人生を歩むようになったら、もっと簡単だよね。実家にいる間だけ、ストレートのふりをすることだってできるんだから。家族をがっかりさせるとか、長い間嘘をついてきたということを彼らに知られたくないんだ。スウェーデンと日本が違う背景には、それだけでなく、とても複雑な理由があるとは思うけどね。

みっつん　そういうことを考えると、僕らみたいな家族は日本で住めるのかなぁと、ふと考えてしまうことがあるよね。

リカルド　うん。でも、それ自体は特別難しいことじゃないとは思う。自分の子どもをもつと、近所付き合いというコミュニティの中に入っていくようになるよね。似たような関心をもつ人を見つけて、子どもがアイスホッケーをしたとか、体操か何かをやりたいと言っているとか、そんなことを話すようになるんだ。どこがいい学校だとか、どこに住んだらいいか、とかね。そうやってコミュニティをまわりの人と築いていくことはできると思う。だけど……もちろん……そうだね、同性婚が認められるとか同性カップルの共同養育が認められるとか、法的制度が今後整っていけばそれは当然、すばらしいと思うよ。ほかの人が受けられる権利をゲイであることを理由に、否定される場所には住みたくないからね。公平という視点から見れば、同性同士で結婚できないとか、家族をもてないのは公平じゃない。それには多くの人が同意するんじゃないかな。ゲイだからと言って、特別扱いは必要ない。ただほかの人たちと同じように扱ってほしいし、同じ法的権利をもちたいと思うんだ。ただ、LGBT＋の権利について話してきたけど、日本では、スウェーデンのやり方をそのままコピーしない方がいいと思う。スウェーデンのやり方が、日本でうまくいくとは限らないからね。

例えば、ここ最近、スウェーデンでは他者への配慮がやりすぎになるリスク（可能性）があるんじゃないかと考えている。この国ではセクシュアリティにかかわらず、国民が同じ権利を得られることに関しては、すごく進んできた。しかし現在、ぼくたちは変えるのがとても難しいところまで変えようとしている。例えば医療機関や図書館で、子どもを連れた男性二人がいて、その子どもに「あら、お母さんはどこ?」と聞いたら、その男性カップルが腹を立てるかもしれない。そういう人にも配慮できるように、みんな意識を変えるべきだ、とかね。

今、スウェーデンには、多様なバックグラウンドをもつ人々（移民のこと）がいる。彼らはLGBT＋について考えたこともないかもしれない。時々間違ったことや、くだらないことを言ったり、攻撃的だったりするけれど、ぼくらは我慢して、寛容であるべきなんだ。もし誰かが明らかに差別を受けていたら、もちろん法律で取り締まるべきだ。でも、誰かを傷つける行動や間違った発言があったら、ぼくたちは人間として、お互いに話し合うこともできる。すべてを法律で解決することはできないよ。それから、基本的権利だけではなくて、経済的な優先順位の問題もある。例えば、レズビアンのカップルの人工授精に税金を投入すべきか？代理母出産についても投入すべきか？といったこと。簡単な答えはないけれど、社会でどうやって公平にバランスを保つか、優先順位を決めていかなければならない。

みっつん　ぼくはブログを書いたり本を出版したりしているから、日本でトークイベントなんかをすることがある。そんな時リポーターやメディアは、スウェーデン社会がどれだけすばらしいかをたくさん聞くんだ。彼らはポジティブな側面しか質問しない。もちろん、スウェーデンは先進的で、日本はとても遅れていると思う。それは認める。でも同時に、ぼくの意見だけど、まったく同じシステムを日本にコピー＆ペーストすることはできない。だから、スウェーデンのいいシステムを今の日本の文化にどうあてはめるか、慎重に考えないといけない。一番大事なことは、このテーマについてもっと議論したり、オープンになったりすることなんじゃないかな。もっと話し合わなくちゃ。

リカルド　ぼくが望むのは、日本のＬＧＢＴ＋運動（ムーブメント）が基本的人権にフォーカスすること。ＬＧＢＴ＋だからと言って、選択を制限されることのないように。スウェーデンの一部のアクティビスト〔活動家〕が目指しているように、異性愛的（ヘテロ）でノーマルなものすべてを、無理になくそうとするべきではないと思うんだ。それは有意義なことじゃない。何かするなら、ゲイの人々の人生に立ちはだかる法的な障害をなくしていく方がいい。

みっつん　生き方が選べる社会であるべきだし、その選択を法律が守ってくれる。ぼくにとっては、それが一番大事な部分かな。

リカルド　それに実際、親になったら多くの人が気づくことだと思うんだけど……若い時は自由がすべてで、「やりたいことはなんでもやろう！」「境界線も体制も、束縛するもの全部こわしていこう！」って感じだった。でも子どもをもつと、保守的になる。「そこはいい学校？　ここはいい地域？」って考えはじめるんだ。そういうことが重要になってくるんだ。「バリケードを張る」ようなアクティビストの部分が少なくなって、自分の親みたいな価値観になっちゃうんだよね。

LGBT+の素顔

チャーリー「あなたは一人ではないことを、覚えておいてほしいんだ」

チャーリー（二八歳）はイギリス人とスウェーデン人の両親をもち、一年以上一緒に暮らしているオットー（二三歳）というボーイフレンドがいます。インタビュー時点では、付き合ってほぼ二年になるところでした。二人はマンションに一緒に住んでいて子どもはいませんが、近いうちにペットを飼いたいそうです。チャーリーは通訳を目指しており、日本語、スウェーデン語、英語を話せます。

父がイギリス人で母がスウェーデン人だったから、言語にはずっと興味があった。それで、大学では言語学を学ぶことにした。日本文化にも興味をもったし、ダンスや演劇も。カルチャー全般に関心があるんだ。人生の大きな部分を占めているし、時間があったらやりたいことだなって。今は、即興劇に力を入れているんだ。

父はイギリス出身で、母はスウェーデン出身。家族はみんなスウェーデンに住んでいる。兄も妹も、わたしの知るかぎりストレート。

オットーとわたしの関係は、お互いコミュニケーション上手だから、うまくいってると思う。どんなことでもオープンに話すんだ。幸せになるためにパートナーが必要だとは思わないけれど、信頼できる誰かがいて、人生を一緒に過ごせるのは素敵なこと。わたしも、人生をシェアしたいと思う人を、見つけたんだ。

ゲイの男性の中には、男性として見られないことが心配で、男らしい男性とだけ付き合っている人もいる。ストレートのカップルを真似してるように見られたくないのかもしれない。ストレートの交際とゲイの交際の一つの違いは、ゲイの場合は二つの理想にこたえようとしなくちゃならないことだと思う――理想的な男性でいなければならないのと同時に、男性にとって魅力的じゃないといけないからね。男らしく、強くと思ってるんだけど、見せかけだけのパフォーマンスになっていると感じることもある――理想的なパートナーとして自分をアピールしたいのもあるし、女性的すぎて同性愛嫌悪(ホモフォビア)のターゲットにならないように、男性らしさを見せているのもあるかな。

わたしたちを駆り立てる理想像のすべては、恐れから来ていると思う。理想に追いつけない結果としての、恐れだね。女性らしさをもつ多くのゲイの男性が、外部のプレッシャーからだんだん男性らしく変わっていくのを見てきたよ。

わたしはとても心配性なので、高校三年生になるまで家族にカミングアウトしなかった。でも、その恐れは家族が原因ではなくて、わたし自身の不安から来ていたものだったと思う。ある時ついに、父が、わたしがいつも会っている男子――当時のボーイフレンド――

のことを質問してきた。それで、ついに、父にすべてを話したんだ。自分がゲイだって。でも、家族はみんな、よく受け容れてくれたよ。母も父も、前から知っていたと言った。両親同様、兄弟たちもまったく問題なかった。そういう意味では、とても恵まれていた。親戚にもそんなに驚く人はいなかったしね。

カミングアウトしてからすぐに、友達とK－POPやJ－POPをカバーするダンスグループを始めたんだ。彼らとは今も友達だよ。実は、最初のボーイフレンドには日本のポップカルチャーのイベントで出会ったんだ！　わたしは日本文化に出合いながら、自分自身も発見していった。ずっとダンスをしてきたけれど、女性的なダンスもよく踊った。それは、家族がわたしのセクシュアリティに気づくきっかけになったかもしれない。学校の演劇でも、女性やゲイの役を演じたよ。もちろん、そうした役を演じるのにゲイである必要はない。でも、わたしは、自分の女性的な部分に心地よさを感じていたから、演じるのが心地よかった。カミングアウトして自分のことをオープンにしてからは、女性的な面を見せたり、女性らしいダンスを踊ると、より自由を感じるようになった。

イギリスで三年間学んだ時、とても国際色ゆたかなキャンパスに住んでいたんだ。バックグラウンドも性的指向も、みんな様々だった。スウェーデンにいる時よりも、奇異な目でわたしを見る人は少し多かったけれど、それはイギリスが、知らない人に話しかけることにオープンな文化だからかもしれない。スウェーデンでは、知らない人と話すことはあまりないからね。スウェーデンで同性愛嫌悪（ホモフォビア）の発言をあんまり聞くことがないのは、それが一つの理由かもしれない。でもわたしは、攻撃的なものでなければ、ほかの人の意見はあまり気にならないんだ。気にかけている人からの意見だったら別だけどね。そう思えるのは、わたしがスウェーデン人だからかもしれないね？

ストックホルムを歩く時は、オットーがボーイフレンドだっていつもオープンにしているよ。ほかの人が何を思おうが気にならないし、スウェーデン人はとにかく他人にあまり注意を払わない。でもイギリスでは、少し注意深くならないといけないように感じたかな。

わたしたちの住むストックホルムのような大きな街に比べて、小さな町ではゲイであることをオープンにするのがもっと難しいことも、知っている。ゲイのカップルが、子どもを養子に迎えるのがもっと簡単になったらいいなと思う。両親がいない子どもたちはたくさんいるし、もっと多くの大人が親になれるのは、社会にとってよいことだと思う。

もし自分をオープンにして生きられなかったとしたら、とても憂うつだったと思う。今もうつをわずらっているけど、さらに重荷を背負うなんて、耐えがたいことになっていたはず。

この本を読んでいるＬＧＢＴ＋の方へ。このテーマが公に語られない社会で、セクシュアリティや感じていることを話すのは、難しいことだと思う。そんな時は、インターネットを活用してみて。あなたみたいな人はたくさんいる。そして、もしかしたら身近にもいるかもしれない。あなたは一人ではないということを、覚えておいてほしいんだ。

原注

★1 世界経済フォーラムの世界男女格差指数レポート二〇一八による。＊

★2 Unionen（スウェーデン労働組合、Swedish Labor Association）のウェブサイトより。＊

★3 スウェーデンに関する事実を掲載する公式情報サイト Sweden.se より。なお、このサイトはスウェーデンの政府機関スウェーデン研究所（Swedish Insitute）が運営している。＊

★4 性別違和（ジェンダー・ディスフォリア）からだの性とこころの性が一致しない状態のこと。公式の診断で、性別違和の診断を受けた人だけが性別適合治療や手術を受けることができる。

★5 スウェーデン社会庁による統計。スウェーデンのテレビ番組 Uppdrag Granskning のリポートを参照した。＊

★6 ＲＦＳＬ（レズビアン、ゲイ、バイセクシュアル、トランスジェンダー、クィア、インターセックス［ＬＧＢＴＱＩ］の権利のためのスウェーデン連合）の公式ウェブサイトより。＊

★7 スウェーデン政府のウェブサイトより。＊

第3章

スウェーデンのLGBT＋の歴史をひもとく

先進国になるまでの道のり

本当にLGBT＋フレンドリーな社会を実現するために、大事な側面は二つあります。一つは、社会的に受け容れられているかどうか。つまり、社会の中でセクシュアル・マイノリティやジェンダー・マイノリティがどう見られているか、どのように扱われているか、オープンにふるまったりカミングアウトしたらどうなるか、ということです。二つめは、政治と法律に関することです。これは、LGBT＋の人々が、ジェンダー差別や性差別から守られているか、異性愛の人や、生物学的な性とこころの性が一致しているシスジェンダーの人と同じ権利をもっているか、といったことです。

社会的に受け容れられているかどうかは、とても重要です。満たされた社会生活を送り、社会に属しているという感覚をもつことは、メンタルヘルスや幸福感のために、必須だからです。つまり、セクシュアル・アイデンティティやジェンダー・アイデンティティをオープンにしても家族から疎外されず、多数派（マジョリティ）と同じように扱われる必要がある、ということです。でも、ただ社会的に受け容れられるだけでは、もちろん十分ではありません。法的な保護もなければ、セクシュアル・マイノリティやジェンダー・マイノリティであることをカミングアウトするのは、危険な可能性があります。簡単に仕事を失ってしまったり、サービスを拒否されたり、家族をもつことができなかったりするかもしれません。住んでいる場所によっては、投獄されたり殺されたりしてしまうことも、あるかもしれません。

　理想的には、社会に受け容れられ、かつ法の下でも保護されるべきです。同性愛がどこでも受け容れられ、誰からも批判されないユートピアであれば、マイノリティを守るために特別な法整備をする必要はありません。しかしここはユートピアではなく、スウェーデンにも同性愛嫌悪（ホモフォビア）の人が、いるのです。これが現実ですから、政府がマイノリティを保護し、差別がなくなるように働きかけることは、必要不可欠なのです。もしかしたら、いつの日か、法的保護が必要なくなる時が来るかもしれません。ですが、その日が来るのはまだ先なのです。

　スウェーデンは保護法の制定が非常に進んでおり、セクシュアル・マイノリティやジェンダー・マイノリティを保護する法律がたくさんあります。しかし八〇年前にさかのぼってみると、同じ国とは思えない状況でした[★1]。一九四〇年には、同性間の性的行為は違法で、同性愛は病気だと考えられていました。トランスジェンダーの人々がジェンダーを変更する方法などは、ありませんでした。一九四〇年代のスウェーデンは、セクシュアル・マイノリティやジェンダー・マイノリティにとって、まったく安全な場所ではなかったのです。

では、何が変わったのでしょうか？　ここでは、スウェーデンがどのようにして今のように先進的な国になっていったのか、LGBT＋にかかわる法律の変遷を簡単に紹介しましょう。

1944 同意のうえで行われる大人の同性の性的行為が犯罪ではなくなる。一方で、同性愛はまだ精神的な病気と考えられていた。それに対する抗議として、一部のスウェーデン人が「ゲイすぎて働けない（too gay to work）」と言って仕事の病休を取得。同性愛を病気と考えるのがいかにばかげたことかを示そうとしたと言われる。同性愛に対する人々の意見はすぐには変わらず、受け容れられることはまだ少なかったが、多くの人が自分のセクシュアリティについて、オープンにするようになった。そうして議論や討論が延々と行われ、同性愛が珍しいケースだと言いつくろうのが難しくなった。一九五〇年代に入ると、スウェーデンではゲイの権利活動家たちが、セクシュアル・マイノリティの受け容れや権利向上のために、動き出しはじめる。

1952 セクシュアル・マイノリティの受け容れられる権利を求めて、スウェーデン初のNGOがストックホルムで結成。この団体、RFSL（LGBTQIのためのスウェーデン連合）は今も活動し、スウェーデンのLGBT＋運動をあと押ししている。

1972 スウェーデンが世界で初めて、法律上のジェンダー変更を嘆願できる国となる。これにより、トランスジェンダーの人々が、社会的合法的にジェンダー移行(トランジション)できるようになった。しかしトランスジェンダーであることは、まだ精神的な病気だと考えられていた。

1979 同性愛が精神的な病気ではないとスウェーデン社会庁が認める。

1987 同性愛（後に、性的指向に変更）が差別禁止法の対象に加えられ、セクシュアリティによって同性愛の人々が差別を受けてはならないとされる。

1988 同棲する同性愛の二者が関係を解消する際、弱い立場の一方を保護する法律が制定される。

1995 「事実婚」の導入。同性カップルが結婚に準じるかたちで、人生のパートナーとして互いを表明できるようになる。結婚した異性カップルと同等の法的権利も得られるようになる。

1999 職場におけるセクシュアリティにもとづく差別が違法化。性差別のオンブズマン[★2]が設置。

2003 「民族集団に対する扇動」を禁止する法律の対象に、セクシュアリティが加えられる。

2003 同性カップルが養子を迎えられるようになる。同性同士・異性同士ともに、同棲中のカップルは結婚しているカップルと同じ権利を得ることになる。

2005 差別禁止法の対象範囲が広がり、セクシュアル・マイノリティの保護領域が広がる。

2005 人工授精と妊娠に関して、同性カップルに補助金を得る権利が認められる。

2009 新たな差別禁止法によりセクシュアル・マイノリティの保護がさらに拡大し、初めてトランスジェンダーなどのジェンダー・マイノリティも保護の対象になる。

2009 「トランスベスティズム（異性装。男装や女装のこと）」が精神病のリストから削除される。

2009 同性のカップルが婚姻法に含まれるようになり、同性婚が合法的に可能になる。

2013 スウェーデンに住むすべての人が法律上のジェンダー変更を申請できるようになる。それまでは未婚のスウェーデン人に限られていた。

2013 法律上のジェンダー変更を望むトランスジェンダーの人々に課されていた強制不妊手術を禁止。

2016 未婚の女性が人工授精の権利を与えられる。

2017 差別禁止法により、セクシュアル・アイデンティティやジェンダー・アイデンティティ、性的な表現などにもとづく差別を予防し、なくすために、積極的な働きかけを会社や団体に求めるようになる。

2018 法律上のジェンダー変更によって過去に強制不妊手術をされたトランスジェンダーの人々が賠償を受ける。

2018 トランスジェンダーの人々をヘイトクライム（人種や宗教などへの偏見や差別がもとで引き起こされる犯罪。セクシュアル・マイノリティ、ジェンダー・マイノリティの人々もしばしば犯罪の被害者になる）から保護するため、トランスジェンダーの人々や異なるジェンダー表現をする人々の法的保護が拡大、強化される。★3

ご覧のように、スウェーデンにおけるセクシュアル・マイノリティとジェンダー・マイノリティの権利は、とても早いペースで変わってきました。また、同性カップルが比較的早く権利を得たのに対して、シスジェンダー（生物学的な性とこころの性が一致していること）でないアイデンティティや表現をもつ人々が保護されるようになったのは、つい最近であることも、わかると思います。また、スウェーデンではバイセクシュアルやパンセクシュアルがほとんど受け容れられ、議論にもならないのに対して、トランスジェンダーの人々はまだまだ理解されず、社会的にも受け容れられていません。それは法律にも反映されています。もちろん、最近になって多くのことが変わってきて、トランスジェンダーの人々の権利は、より注目を集めるようになりました。これは心強いことです。この前向きなトレンドが続いていくことを願っています。

ここで、スウェーデンのLGBT＋コミュニティにも大きな影響を与えた、二つの国際的なできごとをご紹介します。この二つの事件はいろんな意味で重要ですが、歴史において間違いなくこの二回は、誰もがLGBT＋のことを口にしました。この二つのできごとによって、LGBT＋が社会的に承認され、受け容れられ、運動とコミュニティがかたちづくられるようになったのです。

一九六九年　ニューヨーク「ストーンウォールの反乱」

最初のできごとは、一九六九年にニューヨークで起きたストーンウォールの反乱です。ニューヨークのセクシュアル・マイノリティやジェンダー・マイノリティは、長い間、警察からの差別と嫌がらせにあってきました。服装が男性的すぎるという理由で、女性が逮捕されることもありました。当時アメリカのほとんどの場所では、男性同士のセックスは違法とされ、同性愛者はアメリカへの移住を禁じられていました。

一九六九年六月二八日、ストーンウォール・インというバーに、警察が抜き打ち捜査に入りました。そこには、セクシュアル・マイノリティやジェンダー・マイノリティがよく集っていたからです。警察の捜査は暴力的なことが多かったのですが、一九六九年のその日初めて、バーを支持する人たちが抵抗しました。これをきっかけに、ＬＧＢＴ＋コミュニティへの嫌がらせや差別に反対するデモが、続々と行われました。デモを通してコミュニティへの迫害が知れわたるにつれて、メディアの注目度が高まり、コミュニティに対する公的支援が一気に広がることになったのです[★4]。この事件は現代のＬＧＢＴ＋の権利運動の始まりと言われています。ストーンウォールの反乱の翌年、その日を記念すべく、最初のニューヨーク・プライドが開催されました。現代も行われているプライドは——セクシュアル・マイノリティやジェンダー・マイノリティが社会的に受け容れられ、ありのままの自分であることへのプライドを表明する場ですが——、ここにルーツがあるのです。ＬＧＢＴ＋の権利運動にかかわっていた若いスウェーデン人たちも、この事件には非常に刺激を受けました。真に変化をもたらしたいなら、やり方を変えなければならないと気づいたのです。

一九八〇年　スウェーデンの「エイズ危機」

一九八〇年代にかけて社会的受容が広がり、ＬＧＢＴ＋運動（ムーブメント）の未来は明るいように見えました。しかし、事態は再び暗転しました。一九八二年、ストックホルムで、スウェーデンで初めてエイズが診断されたのです。エイズ被害者のうち、男性と性的関係をもった男性が大きな

比率を占めていたため、エイズはＬＧＢＴ＋のコミュニティ、特にゲイの男性と関連づけられるようになりました。[★5]

ＨＩＶは性交渉によって感染するため、避妊せずにセックスする人は、誰でもＨＩＶ感染する可能性があります。当時、同性同士が避妊具なしでセックスするリスクは、妊娠の可能性がないことから、異性同士と比べてあまり深刻に捉えられていませんでした（二人ともシスジェンダーの場合です）。多くの同性愛の男性が避妊せず挿入するセックスをしていたために、ゲイのコミュニティでエイズが急速に広がったのです。この頃、ＨＩＶにかかることは、数年で死に至ることを意味していました。ＨＩＶウィルスは免疫系を弱めます。免疫系の機能が弱まるとＨＩＶはエイズに変わり、ほかの病気にかかると、抵抗力がないためにすぐに死んでしまうのです。一部の人々、特に保守的で宗教的な人たちは、ＨＩＶは怒れる神からの、ＬＧＢＴ＋コミュニティへの罰だと信じていました。当初、ＨＩＶがセクシュアル・マイノリティという弱者をおそったことから（感染したのは彼らだけではありませんでしたが）、人々は、セクシュアル・マイノリティへの恐怖を感じはじめました。ＬＧＢＴ＋コミュニティを容認する気運は再び後退し、本来、深刻なはずのＨＩＶは「ゲイの病気」として片づけられ、あまり真剣に扱われることはありませんでした。

今日では、ＨＩＶに感染しても、薬でエイズを発症するリスクをきわめて低く抑えながら、通常の生活を送ることができます。でも薬が手に入らなかったり、薬が高価な場所では、いまだに、ＬＧＢＴ＋コミュニティのメンバーだけでなく、多くの人が亡くなっています。ＨＩＶ

ウィルスによって、世界で四〇〇〇万人以上の人が亡くなっています。一九八〇年代を生きた多くの同性愛の男性たちによると、当時、友人や恋人が次から次へと病気になり、亡くなったそうです。それはＬＧＢＴ＋コミュニティにとって、深刻な痛手をもたらすできごとでした。多くの人々が、悲劇とトラウマを体験したのです。生き残った人々の多くも、たくさんの人が亡くなる中で、なぜ自分は生きのびたのかと苦しみました。スウェーデンを含む多くの国では、男性とセックスをした男性は、今も献血を禁止されています。ＨＩＶ感染のリスクが高いとされているからです。それは本当に正しいことなのか、よく議論されています。

　しかし、いくらか前向きなこともありました。ＨＩＶやエイズにまつわる議論やパニックが起きたことで、ＬＧＢＴ＋コミュニティ、特に同性愛（ホモセクシュアル）やバイセクシュアルの男性が注目されることになったのです。政府は、ＬＧＢＴ＋コミュニティが社会の弱者であるという状況を、無視できなくなりました。そして、セクシュアル・マイノリティやジェンダー・マイノリティを保護する法律の制定が進んだのです。ＬＧＢＴ＋団体への支援も、広がりました。特に伝染予防の観点から、ＬＧＢＴ＋コミュニティの人々が危険を回避できるよう、情報が行き渡るようにしたのです。ＨＩＶはいまだに油断できない病気ですが、昔のように、死刑を宣告されるようなことではなくなりました。それでも、エイズ危機がスウェーデンや他国のＬＧＢＴ＋コミュニティに残した傷あとは、完全に消えることは決してないでしょう。ＬＧＢＴ＋の歴史上、忘れてはならない重要なことなのです。

LGBT＋の素顔

オイゲン「私の世代はいまだに自分を隠し、苦しんでいます」

オイゲンは七五歳の男性です。世界初、かつ唯一のLGBTを対象にした高齢者住宅レンボーゲンの所長で、レンボーゲンに暮らしています。レンボーゲンは、スウェーデン語で虹を意味します。オイゲンはLGBT＋の人々の高齢者ケアやセミナーに情熱を注いでおり、アクティビスト〔活動家〕とも言えるでしょう。また、彼はLGBT＋の歴史についての情報を収集していて、LGBT＋の人々が過去から現在まで直面してきた困難を記録しようとしています。

私は一九四三年に生まれ、一九歳の時からゲイであることをオープンにしてきました。当時、ゲイであることをオープンにした人の多くは圧力を受けたり、いじめられたりしましたが、私の場合、そのようなことはありませんでした。自分がゲイだと気づいてからというもの、家族から一〇〇パーセント完全なサポートを得てきたのです。私の父は私が生まれる前に亡くなったので、母と妹と暮らしてきました。母はとても進歩的な人で、政治にも積極的にかかわっていました。父は平和主義者でした。私の家族はとてもリベラルな価値観をもっており、私が母にカミングアウトした時――母にはLGBTの知り合いはいませんでしたが――、すぐに心からサポートしてくれたのです。カミングアウトして以来、母は私の助けになるようにと、勉強を始めました。

実は、自分がゲイだと気づいた時、私は女の子と婚約していました。彼女の家族は裕福で保守的だったので、彼女が私のことを話すと大ごとになりました。もちろん、私は婚約を解消したいと思っていました。彼女の家族にとっては、まるで爆弾が炸裂したかのようなことでしたが、何がそんなに大ごとだったのか、私には説明できません。彼女の家族は、私の母にこう言い放ちました。同性愛の感覚が「普通」に戻るよう、病院で「治療」を受けさせた方がいい、と。でも、私の母はきっぱりと言いました。息子には何もおかしいことなんてない、と。

その後、私は一八歳年上の男性と出会い、二六年間、生活を共にしました。彼との関係を終える時、私は子どもが欲しいと思いました。その時私は、二人の子どもがいる夫婦と暮らしており、男性の方が、子どもに関することについてはＲＦＳＬのアドバイザーに連絡してみるといい、と助言してくれました。一九八八年頃のことです。ＲＦＳＬのアドバイザーが教えてくれたのは、とても〝シンプルな〟解決策でした。「電話帳を見て、知り合い全員に電話するんだ。いい母親になってくれそうな女性が見つかりそうかい？」私は言われた通りにしました。この頃私はほかの仕事のかたわら、アートギャラリーを経営していました。ギャラリーに作品を展示していたある女性に、私はとても好意を寄せていたのですが、彼女はレズビアンで、ほかの女性と暮らしていました。難しい議論をたくさん重ね、彼女たちは結局、私にそれぞれの子どもの父親になってほしい、と結論づけました。でも、それでは複雑になりすぎるし、率直なところ、私が好意を感じていたのは二人のうち一人だけだったのです。そこで私はていねいに断り、ほかの方法を探すことにしました。

簡単に聞こえるかもしれませんが、難しいことでした。当時それはとても大がかりなことで、難しいことだったのです。しかしその後、仲のよい友人が、私のギャラリーのパーティーでおもしろい女性に出会ったと言って、その女性を紹介してくれました。彼女は、子どもが欲しいという私の提案に、とても前向きでした。一九八九年一二月のことでした。こうして私の息子は、一九九〇年九月に生まれたのです。今、息子は聖職についており、もうすぐ二九歳になるところです。

私とこの女性は、それまでまったく面識がありませんでした。彼女は幼少期に大きなトラウマとなる体験をしていたため、状況は複雑になりました。彼女にとって、他人と親しくなったり、人を信じることは、難しいことだったのです。なかなか大変な一八年間でしたが、なんとか子育てを終えました。しばらくして私は男性と再婚し、そしてまた離婚し、今は独身です。これが私の人生ですね！

レンボーゲンの所長になったのは、私がＬＧＢＴ＋の歴史に非常に関心をもっていたからです。レンボーゲンは、ほかに例のないプロジェクトのようですが、始まりは一九八〇年代までさかのぼります。

八〇年代、ニッセと呼ばれる男性がいました。ニッセはソーシャルワーカーで、ＬＧＢＴの高齢者にインタビューを重ねていました。やがてニッセは、彼らが多くのトラウマを抱えていることを知り、トラウマを共有することが必要だと気づいたのです。そこで、ニッセは「ゲイ・シニア」と呼ばれる団体を作りました。今も存続している団体です。同性愛の人が入居できる高齢者住宅を始めようと考えたのです。一九九四年には一〇の団体が共同で、同性愛の高齢者ケアのための財団を設立しました。トラウマをもつ高齢者たちにとって、似たような体験をもつ者同士で痛みを分かち合うことは非常に大切で、それこそが癒（い）やしの始まりだとニッセは考え、この財団を作ったのです。ＬＧＢＴ＋コミュニティの人々は、（異性愛やシスの人々に比べて）心の健康状態が悪く、自殺数も多いという文書が多くあります。その証拠があるのです。

私は、過去のあらゆる記録を探し出し、こうした歴史を取り戻そうとしています。財団は残念ながら、資金不足のために休止しました。その時、ニッセは八〇歳前後で、それ以上活動を続けることができませんでした。でもその時、現在のＲＦＳＬストックホルムが歴史発掘の支援に興味をもってくれたのです。私たちはこのプロジェクトを「ＬＧＢＴ高齢者の癒やし（ヒーリング・フォー・ＬＧＢＴシニア）」と呼んでいます。若干の資金調達がうまくいきそうです。

スウェーデンにおけるＬＧＢＴ＋の歴史を調査する中で、喜ばしい発見もありました。一九九九年、ＲＦＳＬの支援を受けた社会民主党が、ＬＧＢＴ高齢者ケアの運動を始めたのです。そこでは二つのことが決定されました。一つは、高齢者ケアにかかわる人はみな、

「同性愛に対する適性（ホモ・コンピテンス）」（同性愛の問題や経験、同性愛者としてトラウマを経験してきた人々への接し方をよく理解する能力）をもつべき、ということ。ＬＧＢＴの高齢者特有のトラウマや困難を理解しなければ、彼らが社会に適応するサポートをするのは難しいからです。もう一つは、ＬＧＢＴ高齢者用の住宅を作ること。私はこうしたことに直面して、ＬＧＢＴ＋の高齢者ケアの分野は、まだ研究が不足していることに気づきました。

　この頃、ＲＦＳＬはまた、長期的な目標を掲げて取り組んでいました。それは、①トランスジェンダーとインターセックス、②移民、③家族、そして④高齢者の四つの問題に分類されていました。①から③の問題についてはすぐに取り組みが始まっていましたが、四つめの高齢者問題については、つい最近になって着手されたばかりでした。

　ＬＧＢＴの高齢者にかかわる四つの団体として共同で、高齢者問題への取り組みを始めました。私たちは研究不足をＰＲし、シンポジウムを開催しました。六〇〇人ものＬＧＢＴ高齢者の意思を代表していた私たちは、ＲＦＳＬにサポートを要請しました。ＲＦＳＬの四つめの目標のために活動しているのですから。ＲＦＳＬは、各団体の先頭に立つことになりました。私たちは研究グループと団体をたばねる役を果たすことになり、ふさわしい研究者を三人、見つけ出しました。プロジェクトに大きな関心を示す研究者六人も、見つかりました。こうして私たちはレンボーゲンを始めることになり、やがてレンボーゲンは、二八の部屋をもつことになったのです。

　私たちは、スウェーデンにおけるＬＧＢＴ＋の福祉や高齢者ケアを、他国に紹介する団体や施設とも、協働しています。私たちの活動を紹介するため、他国のＴＶクルーや記者たちも定期的に取材に来ます。最近、さらなるアパートの拡充について、検討を始めました。ニッセの最初のアイディアは、実はアパートではなく、共同生活の場作りでした。ですから私たちは現在、アパートやシェアハウスを増やし、高齢者ケアの向上にいっそう役立つプランを考えています。このアイディアは、男女平等大臣（ＬＧＢＴ＋の担当でもあります）からの評判もいいようです。

ＲＦＳＬは若者に注目してばかりで、高齢者問題に長年注意を払ってきませんでした。それは非常に問題で、当然批判されるべきことだと思います。私が調べた時には、ＲＦＳＬの役員に四〇歳以上が一人もいませんでした。もちろん、それは彼らの活動に影響することです！　二〇一九年の夏に、私はプライド・ハウスでセミナーを開きました。ＲＦＳＬの役員たちもやってきたので、私は正直にはっきりと、こう伝えました。「あなたたちは高齢者の問題に取り組むと言いながら、まったく何もしていない。それに役員に高齢者が一人もいないじゃないか」と。そして、「私たちこそがもっとも苦しんできたし、ＲＦＳＬを作りあげた一員でもある――だから助けてほしい。まだまだ助けが必要なんだ」と言いました。彼らは耳をかたむけ、高齢者問題に力を注ぐようになりました。最近ＲＦＳＬストックホルムが始めた新たなプロジェクトも、そのおかげです。私も、「ＬＧＢＴ高齢者の癒やし（ヒーリング・フォー・ＬＧＢＴシニア）」を提案しました。ＬＧＢＴ＋の歴史史料の収集と保存を進めようというものです。

スウェーデンでは、驚くほどの進歩がありました。大半がＲＦＳＬと、彼らが推進する「プライド」のコンセプトによるものです。国中でこれだけの変化が起きているとは、ちょっと信じられません。ものすごいこと、としか言いようのないことです。

レンボーゲンに申し込むには、ＬＧＢＴのための高齢者住宅で暮らしたい理由を記載しなければなりません。そして、非常に多くの申し込みがある状況です。ここに入りたい理由を読むと、心を動かされます。これまで、自分のセクシュアリティやジェンダーを明かすことができなかった人々なのです。

彼らがレンボーゲンで暮らしたい理由をすべて書き出してみてわかったことは、社会はオープンになってきたように見えるけれど、まだまだ多くの人が非常に苦しんでいる、ということです。都市部から離れるほど、状況は過酷です。もっとも近しい家族にすら話すことができない人が、まだまだ多数なのです。若い世代の中では、あらゆることがとてもオープンになってきた印象を受けるかもしれませんが……私の世代は、いまだに自分を隠し、苦しんでいるのです。それが現状です。それに、スウェーデンで育ち、特にスウェーデンの両親をもつ若者の多くは……十分に教育を受けていて、あまり心配ありません。オープンで、新しいアイディアや変化を受け容れる人々ですから。スウェーデンの中流階級に属し、オープンな社会で育った若者は、いわば、「誰もが望む相手を愛せるべきだ」という考えが、標準だというわけです。

私が息子に話した時は、ゲイを公表している父親をもつことで、息子がからかわれたり、いじめられたりしないか、少し心配でした。多くの人が互いに知り合いでしたし、うわさは簡単に広まりましたから。息子が一二歳の時、「父親がゲイを公表しているのをどう思う?」と尋ねました。息子は、「父さん、いったい誰が気にするのさ?」と言っただけでした。私は安心しました。彼は一度も悪く考えたことがなかったのです。ゲイの父親をもつことは、ちょっとかっこいいと思っていた時期もあったようです。息子の母親は、ストックホルムのレズビアンの中で象徴のようになっています。しかし彼女は、「自分をさらす」ことはしたくない、と言います。私たちはその点で違います。何によって安心できるか、感じ方が違うのでしょう。

過去を見てこそ、将来を見ることができる、とよく言われます。だから歴史は重要なんだ、と。しかし実際は、今現在の状況を見つめるほど、これから何をすべきかが見えてくると思います。考え方を変えるなら、すべては学校から始まります。「新しいスウェーデン人」[★6]について言えば、スウェーデンでは何が正しく何が間違っていると考えられているのか、すべての人に伝えていくことが非常に重要です。我々の価値観を伝え、我々の価値観を受け容れてもらうことです。政府は経済的支援だけではなく、我々の価値観を受け容れることの確認も、重要視すべきです。それは明らかだと思うのですが、移住者に対するそのような支援はありません。私は、移民に関しては実際とても楽観的ですし、移住者の親しい友人もたくさんいます。彼らのことは大好きです。しかし、私たちは移民の人々のケアに失敗しており、彼らがこの社会に溶け込めるようにはなっていないことが心配です。移住者の多くは「名誉の文化」（一族の「名誉」のために親族間で殺人を行う風習。女性の婚前交渉や同性愛などが「名誉」を汚すとされる）があるところ、同性愛嫌悪（ホモフォビア）が横行する場所から来ている、ということです。これは、私たちが向き合わなければならない問題です。残念ながら、乗り越えなければならない、非常に複雑な問題が山ほどあります。教育システム上の取り組みも、当然、続けていく必要があります。スウェーデンのすべての場所で、我々の基本的な価値観を教え、伝えていかなければなりません。そうした取り組みがさらなる変化をもたらすよう、願っています。

　私が若かった頃、自分がゲイだと気づいた時――私たちは犯罪者でした。その後は、精神的な病気だと言われました。トランスジェンダーの人々が強制不妊手術をされていたのも、それほど昔のことではありません。なんと異様なことでしょう。そして今も、ゲイの男性は他の人と同じように献血することが許されていません。私はただ理解できないのです。私たちは、とてもとても進んできましたが、まだまだ変えていかなければならないことがたくさんあるのです。しかし、同時に、急速に変化が起こり、今もすごい速さで変化が起きている国に暮らせることは、とてつもなくすばらしいことだと思っています。

原注

★1 スウェーデン政府のウェブサイトより。＊

★2 オンブズマン　会社や団体、特に公的機関に対する個人の苦情を調査する公務員。

★3 ＲＦＳＬの公式ウェブサイトより。＊

★4 ウィキペディア（スウェーデン語）を参照。＊

★5 ヒューマン・ライツ・キャンペーンのウェブサイトより。＊

★6 新しいスウェーデン人　他国からスウェーデンに移住してきた人たちを指す。

第4章 LGBT＋コミュニティとは？

コミュニティに含まれる人、そうでない人

コミュニティに含まれない人々

LGBT＋コミュニティとは、具体的に何を指すのでしょうか？　誰がコミュニティの一員で、何がそれをコミュニティたらしめるのでしょうか？

簡単に言うと、LGBT＋コミュニティは、様々なセクシュアル・マイノリティやジェンダー・マイノリティで構成されます。コミュニティを言い表す言葉はたくさんあり、誰がそこに含まれるかについても、様々な議論があります。最近はGRSM（ジェンダー・ロマンティック・セクシュアル・マイノリティ）という言葉が、シンプルで定義も正確だということで、国際的に普及してきました。スウェーデンでは、ゲイの男性とレズビアンの女性には異なる問題があることを強

調するために、〝ＬＨＢＴＱ〟（レズビアン、ホモセクシュアル、バイセクシュアル、トランスジェンダー、クィア）という言葉も使われるようになってきました。[★1]

もちろん、ここに「含まれない」マイノリティもいます。理屈では、セクシュアル・マイノリティとして数えることもできますが、モラル的に擁護できない人々です。例えば、未成年者や動物など、同意が得られない相手に対する性的欲求をもつ人たち。彼らがＬＧＢＴ＋／ＧＲＳＭコミュニティに入ることは、絶対にありえません。人を傷つけ、モラルに反するからです。

ＬＧＢＴ＋／ＧＲＳＭコミュニティと言った時の、セクシュアル・マイノリティとジェンダー・マイノリティとは、同意ある成人同士の話です。例えば女性同士といった、同性間の関係のことです。危害を与えるような性的欲求をもつ人が、自らの性的指向を正当化して、自分もコミュニティの一部だと主張するかもしれません。しかし、ルールはとても簡単です。もしもお互いの同意がなく、健康な精神状態の成人同士の関係でないなら、それは、性的指向ではありません。それは問題のあることで、精神障がいの類（たぐい）である可能性が高いでしょう。

とても残念なことですが、昔は、同性愛が獣性愛や小児性愛と並べられることがよくありました。でも今お伝えしたように、同性愛とは、二人の大人が同意した上のことである以上、当然、精神障がいと同列には語れません。しかしながら、小児性愛や獣性愛の人々は、いまだにＬＧＢＴ＋コミュニティの一員だと主張し、正当性を得ようとしています。そのためコミュニティは被害をこうむっているのですが、ＬＧＢＴ＋コミュニティはそのようなグループとはまったく関係がありません。それをみなさんに知っておいてほしくて、ここで話題に出しました。

意味が変わってきた「クィア」

さて次は、LGBT+の人々を表すのによく使われる**クィア**という言葉について、説明します。クィアは定義がたくさんある言葉で、多様な場面で使われてきました。一番中立的な使われ方は、何か変わったもの、普通と違うものを表すことでした。ところが、この言葉はやがて、セクシュアル・マジョリティ（異性愛やシスジェンダー）のふるまいや様式に従わない人に対して、口汚くののしる際に使われるようになりました。「普通（ノーマル）」な人と「クィア（変わった）」な人を区別する、侮辱の憎悪言葉（ヘイト・ワード）になったのです。

「クィア」は名詞としても使われますが、名詞の時は、多くの場合、非人間的な表現になります。例えば「あのクィアたちは、自分の身を守った方がいいぞ」とか「こないだクィアを見たんだけど」とか。同性愛嫌悪（ホモフォビア）の団体や人々が、セクシュアル・マイノリティやジェンダー・マイノリティは自分たちと同じ集団の人間ではないと強調し「他人化★2」するために、よく使った言葉です。

実際にセクシュアル・マイノリティやジェンダー・マイノリティでなくても、クィアと呼ばれることはありました——規範（ノーム）からはずれる行動をとると、この言葉で非難されたのです。男性が女性らしくふるまったり、女性が女性らしくないというだけで、クィアと言われたのです。社会やコミュニティからクィアとみなされることは、もうそのコミュニティの一員ではないことを意味しました。クィアとされた人たちは、社会的に排斥され、差別されたのです。もちろん、このように一部の集団を他人化する言葉は、様々なマイノリティの呼称として、ほとんどの社会で使われてきました。こうした言葉でマイノリティが呼ばれることは、セクシュアル・マイノリティやジェンダー・マイノリティに限った話ではないのです。

でも最近では、LGBT+コミュニティ自身が、クィアという言葉の意味をアップデートしています。ネガティブな意味合いが次第になくなってきているのです。ここ数年で、自分のことをクィアと呼ぶ人がどんどん増えてきました。この言葉は「規範（ノーム）にそぐわない、規範（ノーム）以外の何者か」という意味ですから、セクシュアリティやジェンダーが具体的にどうであるかにふれずにすむ、便利な言葉なのです。同性愛（ホモセクシュアル）の人にも、ジェンダーフルイド（ジェンダーが流動的な人）の人にも――多くの場合に使えます。とりわけ、自分にラベルを貼りたくない（ラベルで自分を限定したくない）人々や、どのラベルが自分にあてはまるかわからない人々にとって、使いやすい言葉です。

一方、LGBT+コミュニティの中には、クィアという言葉が昔、悪意をこめて使われていた記憶があるため、今は悪い意味合いはないとしても使いたくない、という人もいます。その傾向は例えば、スウェーデンよりもアメリカで強いようです。英語では、L・G・B・Tに入らないグループは、シンプルに+（プラスマーク）で表されます。一方で、LGBT+をスウェーデン語の頭字語で書くとHBTQ（ホモセクシュアル、バイセクシュアル、トランスジェンダー、クィア）で、事実上、誰のことでも表現できるQ（クィア）を使います。ここからも、国による受け取り方の違いがわかると思います。

コミュニティに含まれるのか議論のある人々

こうして見ると、クィアはたいてい、セクシュアル・マイノリティやジェンダー・マイノリティを指しますが、この言葉が実質的に意味することは**規範**（ノーム）**に反する**ということだ、と言えるでしょう。つまり、すべてのセクシュアル・マイノリティとジェンダー・マイノリティはクィアですが、LGBT＋コミュニティの一員でなくても、クィアと考えられるグループの人もいるということです。

わかりやすい例が**ポリアモリー**です。第1章で簡単に紹介しましたが、ポリアモリーとはお互いに同意があり、情報も十分に共有している大人の間のノン・モノガミー（一夫一婦制ではない開かれた関係）のことです。多くのポリアモリーの人々は、一般的な、一人の伴侶をもつ関係に居心地の悪さを感じます。私のポリアモリーの友人は、こんなふうに説明してくれました。「私はボーイフレンドをとても愛していて、彼と一緒に暮らせて幸せ。でもこの関係が、今から未来まで、私の関係全部を決めてしまうって考えは嫌なの」と。ボーイフレンドとの関係に価値をおいていないわけではなく、その他の友達や恋人などとの関係を、それぞれ独立したものとして、自由に考えたい。それが彼女にとって自然なことで、しっくりくる、と言います。彼女とパートナーたちは、関係を始める前に広く話し合い、関係するみんなが、この関係を心地よく感じているか、ひんぱんに確認し合います。複数の関係をもつ楽しみを犠牲にすることなく、個人の自律と自由を守る生き方だとも、言えるでしょう。

ポリアモリーが社会の規範的な関係からはずれているにもかかわらず、ＬＧＢＴ＋の一部とみなされないことが多いのは、それがライフスタイルの選択なのか、それとも例えば同性愛のように変えられないアイデンティティなのか、わからないからです。私自身も、この本の中でポリアモリーをＬＧＢＴ＋コミュニティの一部として含むべきか、確信をもてませんでした。ＬＧＢＴ＋コミュニティとポリアモリーの人々が、双方の立場から議論している場に居合わせたことがありますが――私はポリアモリーも、社会の典型的な期待に反する、家族や関係性のオルタナティブなあり方だと思っています。理解不足の人やモラル上反対の立場から、ポリアモリーの人々に対する社会的な反発もよくあります。ですから、セクシュアル・マイノリティやジェンダー・マイノリティの話題にふれる時には、ポリアモリーの人々に対して少なくとも注意を払い、説明する方がよいと考えています。

なぜコミュニティが必要なの？

誰にとっても居場所は大切なもの

この章の最後に、なぜＬＧＢＴ＋コミュニティと呼ばれるのか、また、なぜこうしたコミュニティが必要なのか、お話ししたいと思います。

すべてのセクシュアル・マイノリティとジェンダー・マイノリティはクィアであり、クィアの人々はもともと属していたコミュニティから排除されてきたことをお話ししてきました。クィアの人々は、家から追い出されたり、教会への出入りを禁じられたり、バーやスポーツクラブなど、そのほか多くの場所で歓迎されないこともありました。

すべての人間にとって、信頼でき、つながれる人々のコミュニティをもつことは、とても大切なことです。コミュニティを失うと、人はうつや不安になり、生活の質全体が低下してしまいます。コミュニティをもたずに孤立することは、自傷行為や自殺の大きな要因となります。それはＬＧＢＴ＋の人々に限らず、様々なバックグラウンドをもち、様々な事情を抱える人々にとっても同様です。

現代のスウェーデンでは、セクシュアル・アイデンティティやジェンダー・アイデンティティが原因で、コミュニティから完全に排除されるようなことはめったにありません。でも、つい最近まで、自分をオープンにして生きると決めた人――もしくはそのように強制された人は、大きなリスクを抱えて生きていたのです。

コミュニティを失った多くの人々は、自分たちのコミュニティを作りはじめました。様々なセクシュアル・マイノリティやジェンダー・マイノリティで構成されたこれらのコミュニティは、マイノリティの人々が安心できて、自分をオープンにして生きられる数少ない居場所となりました。そこでは、ありのままの自分でいられたし、再びコミュニティの一部になれたのです。広義のＬＧＢＴ＋コミュニティの中に、レズビアンやトランスジェンダーなど、特定のグループのコミュニティもありました。ＬＧＢＴ＋コミュニティの中では、あらゆるグループが互いに支え合うべきだという人もいるかもしれませんが、グループごとに特定の問題や経験があることも、また否定できないことです。

とは言え、すべてのセクシュアル・マイノリティとジェンダー・マイノリティには共通する経験もあります――規範(ノーム)とは違っていること、クィアであること、そして、セクシュアル・マイノリティあるいはジェンダー・マイノリティであるというだけで、ほとんどの人が何らかの不利な目にあっている、ということです。ただ自分自身として生まれただけで、生まれついたコミュニティとは別に、自分のコミュニティを見つけなければなりません。また、ほかの人々に理解されない時にも支えてくれる、自分をわかってくれる人々を、探さなければならないのです。

コミュニティのあり方を考え続ける

LGBT+の人々が完全に平等な扱いを受け、受け容れられる社会を実現するために、コミュニティは力を合わせる必要があります――これまでも、そしてこれからも。現在、LGBT+コミュニティ内の多くの団体は、支援が必要なメンバーのために資源(リソース)を共有しています。例えば、セクシュアリティやジェンダーが原因で、家や家族から離れざるをえない未成年者や若者に、緊急の住居を用意する団体があります。

LGBT+コミュニティに属するかどうか、よく疑問視されるのがA(エイ)セクシュアル(誰にも性的に惹かれないこと)の人々です。(属さないという人々によると)彼らはAセクシュアルであることで不利益をこうむっておらず、セクシュアル・マイノリティやジェンダー・マイノリティのように「他人化」されていない、と言うのです。そして、こうした主張をする人々は、Aセクシュアルの人々にはコミュニティの共有資源を使うニーズがないし、コミュニティの人々がもつ困難を共有していない彼らには共有資源を使うべきではない、と言います。

反対に、Aセクシュアルも LGBT+コミュニティの一員だと主張する人々は、先の議論は正しくない場合もある、と言います。つまり、Aセクシュアルはほとんど理解されていない。性的または恋愛パートナーは欲しくないという指向が、家族に問題を引き起こしたり、人との関係を悪くすることもある。そして(特に結婚が強制的でお見合い結婚のある国では)とても不幸な人生を送らなければならないこともある。Aセクシュアルの人々も自身のアイデンティティで苦しんでいるのだから、コミュニティに入れるべきだ、と。それに、もしAセクシュアルの人々が共有資源を必要としていないのなら、彼らを除外する理由は何もないじゃないか、と言うのです。

LGBT+コミュニティは、長きにわたって共有してきた歴史と、多くの共通する目標をもっています。それでも、コミュニティの一員を選別し、自らのグループを守ろうとする人間の傾向からは、逃れることはできないのです。もちろん、メンバーを選ぶことは、ある程度必要です——例えば、先に挙げたような小児性愛の人々を一員とみなしてしまったら、コミュニティに害がおよび、不和を引き起こすでしょう。これはもちろん、どんなコミュニティにもあてはまることです。コミュニティについて考えることは、私たちが、結局みんな人間なのだということを思い出す、よい契機でもあります。

けれども長年のあいだ、この結束の固いコミュニティによって多くのＬＧＢＴ＋の人々が、新たな「選ばれた家族」を得てきたことは、否定できない事実です。そしてコミュニティの存在は、多くの人にとって、大きな支えと安全の源泉であり続けているのです。

LGBT+の素顔

エヴァ「ここで止まって満足しないことも、すごく大事」

エヴァは二〇代後半の女性で、LGBT+の権利や人権全般にとても情熱を燃やしており、自分のことをアクティビストだと言います。エヴァはパンセクシュアルで、ストックホルムのマンションで女性の婚約者と暮らしています。二人は付き合って六年以上になり、もうすぐ結婚して新しいマンションに引っ越す予定です。エヴァはいつも正義に燃えていて、事務職員として働いています。

わたしは二七歳で、事務職として働いているの。人権にすごく関心がある。アムネスティ[★3]で働いていて、そこのLGBT+グループのアクティビストでもある。RFSLでボランティアもしていて、障がいをもつLGBT+の団体をサポートしてる。LGBT+の課題解決にはすごく深くかかわっているし、社会課題にも取り組んでいるから、人権全般にすごく力を入れていると言えるかな。わたしはシス女性で、パンセクシュアル。パートナーは女性。婚約していて結婚する予定なの。付き合って六年近く。わたしたちは一緒に暮らしていて、ちょうど昨日、二人でマンションを買ったところ。二カ月前に婚約して、もうマンションも買ったから、すごく速いペースで進んでるかもね！　子どもやペットはいない。将来子どもは欲しいけど――その前にペットかな！

自分のセクシュアリティについては、インターネットですごくオープンにしてきたの。だから、若い人がたくさん話に来る。このテーマについて研究しはじめて、深く追究すればするほど、人権について――特にLGBT+の権利について、もっともっとかかわっていくようになった。それで「うそ、こんなに恐ろしい世界もあるの」って気づいて、何かしたいと思った。それでアムネスティと、アムネスティの中にあるLGBT+グループに出合って、「とってもおもしろい、これこそ自分ができることなんじゃないか！」って思った。

それから、ソーシャルワーク専門のケースワーカーになるために、勉強を始めたの。人の話や考え方を聞くうちに、これは自分の時間をささげて闘う価値のあることだって思った。特に若い人たちから、スウェーデンだけじゃなく、世界中で彼らがどんなふうに生きているのか聞かせてもらって、大きな影響を受けた。すごく怖い話もあった。

ある時フェイスブックで、友人の投稿を見かけたの。RFSLが「障がいをもつLGBT+の人たち」のグループでボランティアを探しているって。それで応募して、面接に呼ばれて、受かったの。RFSLの活動にかかわりたいとずっと思ってたから、なんて最高なのって気持ちだった。特に、その頃、いろんな病気の人々がいるグループホームで働いていたから、LGBT+と障がいをもつ人のために働けるなんて、なんてすばらしい組み合わせ、って感じだった。

とても刺激的なプロジェクトで、かかわれてすごくハッピーだったし、本当に必要なプロジェクトだと実感したの。一番大きな課題は、彼らの声を届けること。それぞれ異なる障がいをもっているために、多くの人たちが、自分のことを代弁してくれる人がいないと感じていた。世間の人はこう考える。「自分で話していること、本当にわかってる？ 自分がトランスジェンダーだって言うけど、どういうことか本当にわかってる？」って。障がいをもつＬＧＢＴ＋の人たちは、信じてもらえないことが多いから、「普通（ノーマル）」の人と同じように、コミュニティに属しているとは感じられない。「両親は自分を信じてくれない、コミュニティを探そうとこのグループにやってくるのにも、親とけんかしてきた」なんて話を聞くと、すごくつらくなる。

ＲＦＳＬの中には、スウェーデンに来たばかりの人々を担当する「ニューカマー」と呼ばれるグループもある。一カ月に数回、移民のＬＧＢＴ＋の人たちといろんな活動をして、彼らがコミュニティの一員になり、彼らの声が届くようにしてる。よく知られてることだけど、ＬＧＢＴ＋の移民は亡命するのがすごく難しい。一見変わっているからと言って、尋問されたり疑われたりする。残念ながらスウェーデンで生まれたＬＧＢＴ＋の人には、考えられないことかもしれない。そんな問題があるってことも、彼らにとって社会の一員になるのがどれだけ難しいかってことも。

つまりＬＧＢＴ＋運動の中でも、時々忘れられてしまうような少数グループが必ずいるの。LGBT+問題の中では「白人のゲイ男性」が目立ちやすくて、ほかの人たちは時々忘れられてしまう。悲しいことに。社会の人たちにとっては、自分たちと共通点が多い方が、受け容れやすいんじゃないかと思う。例えば、白人のシスの人にとっては、白人でシスの同性愛の人は受け容れやすいかもしれない、自分たちとの共通点が多いから。人は共通点が多いほど、つながりを感じやすいもの。例えば、白人のシス男性が、浅黒い肌のトランスジェンダーの女性につながりを感じることは、もっと難しいかもしれない。お互いのライフストーリーが違いすぎて、行動する時のモチベーションや、どんな体験をしてきたのか、実際どんな人なのか、理解するのが難しいから。残念ながら多くの人にとって、違いすぎる相手を理解するのは、難しいことだと思う。

わたしがカミングアウトした時、まったく問題にもならなかったのは幸運だった。友達の多くがLGBT+であることをオープンにしていたから、友達はもちろん家族も「へえ、素敵じゃん!」って感じだった。それでおしまい。まったく問題にもならなかった。そういうサポートがあるのはありがたいし、わたし自身も、みんなきっと協力的だろうって思ってた。だから、わたしはとても恵まれている。

街の中には、フィアンセの手を握らない方がよさそう、って感じる場所もある。あからさまに脅(おど)されるわけではないけど、やめてほしいって目で見られるのがわかるの。夜遅く歩いていると時々、立ち止まったまま、ただじーっと見つめる人がいる。明らかに嫌悪の目で。そんな時、わたしたちはお互いに握っていた手を離して、少し距離をとって、慎重になる。そんなふうに、危険を感じることは確かにあるわ。

ほかの国と比べたら、スウェーデンは楽園みたい。かなり進んできているし、心配することはほんの少し。でも石を投げられたり、家を追い出された友達の話も間違いなくある。そういうことはまだ起こるのよ。でも一人のＬＧＢＴ＋の人間として、ほかの国に住みたくない、とは言える。スウェーデンに暮らしていることを、とても幸運だと感じてる。怒りの目を向けられるのはおかしいと思うけど、だいたいのところスウェーデンは、ほかの国と比べてもＬＧＢＴ＋の人が住むのにすごくいい国だと思う。やらなきゃいけないことが、まだまだたくさんあるけどね。

ＬＧＢＴ＋の権利ということで言えば、スウェーデンがもっともよい国の一つだってことには、同意する。でも、ここで止まって満足しないことも、すごく大事。「今のままでいい」って思ってはダメ。ＬＧＢＴ＋コミュニティの一員じゃない人たちは、ＬＧＢＴ＋として生きることがどんなことかを知らない。もしそういう人たちが、恵まれた人の幸せなストーリーだけを聞いたとしたら？「危険な目にあったことがない」とか「差別にあったことがない」とか、そんな話しか聞かなかったら、今のままでうまくいってるって思われちゃうかもしれない。でもその見方は、多くのことを見落としている。「少なくとも道でボコボコにされることはない」ってところで満足したら、ダメだよね。ほかの国と比べればいい場所かもしれないけど、まだやらなきゃならないことが、たくさんある。

スウェーデンではいつも新しい問題を探していて、政府が新しい課題に取り組み続けている。それも、すごくいいと思う。メディアではショッキングなニュースを見るし、最近はソーシャルメディアで、論争になるようなドキュメンタリーがたくさんシェアされている。みんな満足なんてしていない。トランスジェンダーの人の医療ケアが向上したからって、まだ十分じゃない。まだ残ってる問題を、わたしたちは取り上げていく。満足するんじゃなくて、懸命に努力を続けてるのは、すごくいいことだと思う。

バイセクシュアルかパンセクシュアルかというアイデンティティについては、いろんな定義や議論があって、おもしろいの（「バイ」は「二つ」の意味でバイセクシュアルは両性愛、「パン」は「すべて」の意味で全性愛とも言う）。わたしが自分をパンセクシュアルと言いはじめた頃、バイセクシュアルとは、シスの女性かシスの男性だけに惹かれる人のことだった。生まれた性とこころの性が一致しないトランスジェンダーの人々や、ジェンダーがグラデーションの人たちが知られていないうちに、バイセクシュアルという言葉が一般的になってしまったのね。つまりトランスや、ジェンダーが定まらない人たちに惹かれることは、バイセクシュアルという言葉では示せないってわけ。でも今、誰かにバイセクシュアルなの？って聞かれたら、たぶんそうかな、って答えると思う。今はパンセクシュアルもバイセクシュアルも、類義語のようになってきたから。ジェンダーは男女の二択（バイナリー）ではなくて、スペクトラムのようなもので、その考え方が、バイセクシュアルやパンセクシュアルにも入ってきたの。

だけど、わたしはいつもは、自分をパンセクシュアルだと思ってる。バイセクシュアルよりも、ジェンダーがグラデーションだという意味を含んでる言葉だから、わたしがジェンダーに関係なく人に惹かれることを、うまく表現できると思うの。「バイセクシュアル」という言葉には、古いジェンダー観がいまだに結びついてる気がする。どう定義するかって問題だけどね。でも今のところは、ジェンダーに関係なく人に惹かれるってニュアンスがあるパンセクシュアルが、わたしにはぴったりだと感じてる。ただ、LGBT+コミュニティをよく知らない人にカミングアウトする時は、バイセクシュアルを使ってる。そっちの方がみんなよく知ってるから、理解してもらいやすいの。

どの用語を使うかとか、誰がその用語を使えるかってことは、LGBT+コミュニティの中で実はちょっと熱い議論になってるの。「あなた、ほんとはパンなのに、バイセクシュアルって言わないで！」とか。定義そのものを議論したりもする。でも問題は、ジェンダーやセクシュアリティはスペクトラムのようなものだから、実際のところ、定義するのがすごく難しいってこと。例えば、同性愛（ホモセクシュアル）と言えば説明はいらないけれど、一言ではとても言い表せないことがたくさんあるわけ。ジェンダーやセクシュアリティは、とても流動的なものだから。それでややこしくなっちゃうんだけど、それがおもしろいとも思う。人を好きになるにも何にしても、いろんな惹かれ方があるってことだもの。

時代はリベラルになっているけど、LGBT+運動（ムーブメント）は、まだとても新しいっていうことも、覚えておいた方がいい。わたしたちは前よりもオープンになってきたけど、まだ学んでる途中。特に西欧諸国では、インターネットなんかでたくさんの議論が巻き起こってる。わたしたちは今でも常に、LGBT+の新しい意味合いを発見しているの。

すべての人はありのままの自分で、人生を生きる権利がある。もしもわたしが、自分にガールフレンドがいることや、女性に惹かれることを隠さないといけなかったら、みんなに対して嘘をついている感じがしちゃう。だって、ガールフレンドがいるってことは、わたしがわたしであるために重要なことだから。もしありのままの自分をオープンにして生きられなかったらと思うと、本当にこわい。ガールフレンドのことや、わたしたちが最近何をしたかについて、話せなかったら……。自分が誰なのかを偽るなんて、ほんとはブロンドなのに黒髪なのって言うくらい、おかしいこと。自分に正直に、オープンに生きることができるのは、わたしにとってすごく大切なことに感じる。

スウェーデンは若い人たちに、LGBT+のことや、LGBT+が何を意味するのか、もっと伝えるべきだと思う。特に学校の性教育で。少なくともわたしが学校に行っていた時はLGBT+についても、性感染症（STD）や安全なセックスについても、まったく聞いたことがなかった。シスの異性間（ヘテロセクシュアル）のセックスについて説明を聞いたのと、バナナにコンドームをつけただけ。同性同士のセックスのことや、それは恥ずかしいことじゃないって説明もなかった。だからこの分野は、もっといろいろなことができるかなって思う。若い世代の人たちは、実際、いろんなことを変える大きなチャンスをもってると思う。わたしたちがこの種をまいたら、次の四〇年とか五〇年で、大きな変化を見ることができると思う。ＬＧＢＴ＋の人々を受け容れる心の種を、まき続けること。未来への希望を、もち続けること。それが、わたしたちに必要なことなの。

一般的に、規範（ノーム）に従うべきっていう社会からの圧力が、ＬＧＢＴ＋コミュニティにとって一番大きな問題の一つ。わたしは一学期の間、日本で勉強して、日本の職場でのＬＧＢＴ＋の人たちについて学士論文を書いたことがある。社会からの圧力があって、差別されたり解雇されたりするんじゃないかという不安からカミングアウトできないって話をたくさん聞いたわ。こんなばかげた話も聞いた。「ぼくはボーイフレンドと四〇年間付き合ってるんだけど、同僚たちは彼がぼくのルームメイトだと思ってるんだ」って。別の男性は、パートナーのお母さんが亡くなった時、お葬式に出席できるのが「家族のみ」だったから出席できなかったって言ってた。二人は長いことカップルだったのよ。家族に追い出されたり、職場で差別を受けたらどうしよう、万一そうなっても誰も自分を助けてくれなかったら……そんな恐怖心があるから、自分のセクシュアリティを誰にも話すことができずにいるの。

そんな問題はスウェーデンにはもうないし、スウェーデンで暮らしているのは、とても幸運だと思う。ほかに興味深いと思ったのは、スウェーデンでは暴力的な目にあうことを心配するけど、パンセクシュアルを理由に解雇されることは絶対にない。でも日本で話を聞いた人たちは、暴力についてはまったく心配していなかった。すごく安全な国だからね。それよりも、解雇されたりする心配の方が大きかった。セクシュアリティやジェンダー・アイデンティティが引き起こす問題と言っても、二つの国ではこんなに違うってこと。

ＬＧＢＴ＋の人たちを守る法律が必要なくなる日が来たら、それは、ＬＧＢＴ＋の人たちの受容と、ノーマライゼーション（誰もが等しく生きられる社会の実現を目指すこと）が完全に達成された日になる。でもその日まで……まだまだたくさん、やらなければならないことがあるわ。スウェーデンは長いこと、ＬＧＢＴ＋の人たちにとっていい環境だったように見える。でも、トランスジェンダーの人たちの強制不妊手術をやめたのは、たった七年前のこと！　多くの人はそのことを知りもしないし、聞くとショックを受けてるけど、つい最近まで、疑問にも思われていなかったことなのよ。

LGBT+の素顔

セバスチャン「みんなが一緒に、小さなステップを踏み出せたら」

セバスチャンは二六歳の男性で、ボーイフレンドと一緒に暮らしています。自分のことを、同性に恋愛感情を抱く（ホモロマンティック）A（エイ）セクシュアルと考えています。近年は、広い意味でのLGBT+コミュニティにAセクシュアルが受け容れられ、迎え入れられるように提唱しています。

ぼくはエネルギッシュで、片足を地面につけて片足を雲に突っ込んでるような、ちょっと大げさな人間です。いつもクリエイティブに生きてきました。精神的にはずっと苦しんできたけれど、苦しい中でもアートと音楽が、ものすごく大切なものでした。ぼくのロールモデルの一人は、草間彌生さん。彼女もアートの中に安心を見出した人だから。

ぼくには常に人とのコミュニケーションやつながりが大切で、お互い気にかけたり尊重し合える人たちに、囲まれていたいんです。「何者かになろう」としたことは一度もなくて、新しいものに出合ったり新しい体験をすることが、ぼくにとっては大事なこと。Aセクシュアリティのドキュメンタリーに参加したのも、スウェーデンで一番大きなAセクシュアルの人のフェイスブック・グループで管理人をしているのも、どちらも大事な経験だし、それまで興味のなかったことだけど、今は世界を変えようというモチベーションを感じています。

今は、同じAセクシュアルスペクトラム[★4]のサンボ（同棲するカップルのこと。結婚しているカップルとほぼ同等の社会的・法的権利をもつ）と、猫と暮らしています。ぼくにとって、人付き合いやコミュニケーションはなくてはならないものなので、信頼するパートナー――支えてくれて、頼ることができる、そんな相手――がいるのは本当に大事。自分が、誰かにとってそんな人になっていると思えることも、ぼくにとっては同じくらい重要です。

パートナーとの間で一番大事なことは、ぼくのセクシュアリティを受け容れてくれること。Aセクシュアルの場合、パートナー同士でスキンシップについての共通認識をもつことは、ものすごく重要なんです。以前、Aセクシュアルでないゲイの男性と付き合っていた時は、それでよく問題が起きました。そんな時、相手に合わせてしまうと、ぼくのコンディションや精神状態も悪化することになりました。たいてい、ぼくがパートナーほどセックスに関心をもてないことが原因でした。今は、自分と同じような認識の相手と一緒にいられるので、とてもありがたいと思っています。ぼくたちは、お互い身体的に親密になることはほとんどなくて、それがぼくたちにとってすごくしっくりくることなのです。

ぼくたちの関係を、異性愛者（ヘテロセクシュアル）でシスの人たちの典型的な関係と比較するのは、かなり難しいと思います。社会全体が性的なことを強調しすぎているし、メディアはいまだに「性的なことを想起させるものは売れる」というマインドセットにどっぷり浸かっているように見えます。だからぼくらにとって、心から共感できるものを見つけるのは、とても難しい。ほかのLGBT＋の関係性についても、共感しづらいのです。関係性と言うとたいていは、性的なことが注目されがちですが、ぼくとパートナーはめったにセックスすることはありません。ほぼないに等しいです。ぼくらの関係性のベースにあるのは、ほかの関係性の中心に置かれがちな、からだのふれあいではなくて、信頼し合うこと、仲よくいること、そしてコミュニケーションなのです。

Aセクシュアルを理由に、家族や身近な人たちから差別を受けたことはありません。ですが、LGBT＋コミュニティ、特に同性愛(ホモセクシュアル)の男性からの反発にあったことはあります。プライド・パレードに参加した時、ぼくにふれてきた男性にやめてほしいとお願いしたら、暴力をふるわれました。彼らはぼくが上品ぶって、「自分の方が格上だ」と思っているんだろう、と言いました。プライドのイベントでは、LGBT＋コミュニティのメンバーとのあいだでも、嫌な経験をしました。Aセクシュアルであることで、ぼくは一般社会でもプライド関連のイベントでも、歓迎されていないと感じる場面を、たくさん経験してきました。プライド関連のイベントに行くと、たいていネガティブなリアクションを受けます。特に同性愛(ホモセクシュアル)の男性たちがぼくのセクシュアリティを知った時、そんな扱いになるんです。

全体的にみてスウェーデンは、LGBT＋が暮らすのにとてもよい国だと思います。ほかの国に比べたらずっとよいでしょう。もちろん、まだやらなければいけないことはたくさんありますが、差別禁止法の対象にセクシュアル・アイデンティティとジェンダー・アイデンティティの保護が入っている。それが、スウェーデンのよさを大きく物語っています。でも見過ごせないのは、Ａセクシュアリティが禁止法の対象に含まれていないこと。法の影響なしに、Ａセクシュアルであることを理由にした差別や解雇が起こりうるのです。そんなことは同性愛（ホモセクシュアル）やバイセクシュアル、トランスジェンダーの人だったら許されないことなのに。

　Ａセクシュアルに対する誤解があると思っています。例えば、セックスを嫌がってるとか拒絶するんだろう、とか。一度もからだでふれあったことがないとか、キスを想像するのも嫌だという人も、中にはいます。ぼくはそういう感じではなくて、からだが近づいても気にならないし、ハグやキスするのも好きです。セックスもありうるし、パートナーとしたこともあります。ぼくたちは、普段そんなに必要を感じていないだけなんです。

　Ａセクシュアルは、禁欲みたいなものではありません。Ａセクシュアルについてはメディアでも性教育でも、ほとんど取り上げられないから、いつも説明しなくちゃならないんです。それに、Ａセクシュアルはあまり深刻に捉えられていなくて、ほかのグループほどには、ＬＧＢＴ＋コミュニティの中に居場所を感じられないことが多いです。小学校高学年からの性教育を改善していくのが、いいのではないかと思っています。特に、全学年でこのトピックを繰り返すことで、聞いたことがあるとか共感する気持ちを子どもたちがもってくれたら、ぼくらの疎外感や、いつも部外者（アウトサイダー）だという感覚も、減っていくんじゃないかと思います。

セックスや性的な関係の話には共感できないし、ついていけません。興味のあることじゃないんです。メディアや映画もセックスのことが多くて、関心がもてない。メディアでもっとAセクシュアルを取り上げてくれれば、ずいぶん違うと思います。特にAセクシュアルについては、ぼくらの存在を知る人もほとんどいないし、「見えない指向」とよく言われるので。ぼくは毎日、自分のことを完全にオープンにして暮らしているけど、プライド・イベントの間なんかは、同性愛の男性を避けてしまいます。昔の嫌な経験があるから、身を守りたいし衝突も避けたいので。自分のことをオープンにする時と場所を選ぶことが、大事ですね。あなたが自分を受け容れていても、みんながあなたを受け容れる準備ができてるわけでは、ありませんから。

ぼくの話はネガティブだったかもしれませんが、ぼくは自分の性的指向で大きくつまずくこともなく、よい人生を送ってきました。スウェーデンのLGBT+の人々は、ほかの国よりもよい状況に置かれています。実は、ぼくにとって、男性のパートナーがいることよりも、母の肌が浅黒いことの方が問題だったんです。社会がより多くの価値観を受け容れるようになる最初のステップは、問題を目に見えるようにすることだと思います。でも、同性同士が公の場で手をつなごうとするのは、小さなことに見えるかもしれません。でも、みんなが一緒に小さなステップを踏み出せば、いずれ、手をつないでいいかどうかで迷う人もいなくなっていくんだと思います。

原注

★1 ＬＨＢＴＱ　スウェーデン語でレズビアン、ホモセクシュアル、バイセクシュアル、トランスジェンダー、クィアの頭文字を並べた言葉。スウェーデンでは〝ＨＢＴＱ〟の代わりに使われるようになってきた。

★2 他人化（othering）　社会的に疎外されたり弱者とされる人にラベルをつけ、過剰に単純化して個性を見えなくし、取るに足りない群集とみなすこと。

★3 アムネスティ　世界最大の国際人権ＮＧＯ。

★4 Ａセクシュアルスペクトラム　Ａセクシュアルの特徴を示すグループの総称。Ａセクシュアル、精神的なつながりをもつ相手にのみ恋愛的・性的に惹かれるデミセクシュアル、恋愛感情を抱かないＡロマンティックなどが含まれる。

第5章 LGBT＋ムーブメントとインターセクショナリティ

サブグループ特有の問題に目を向ける

インターセクショナリティは、近年LGBT＋コミュニティやフェミニスト運動（ムーブメント）の中で勢いを増してきた言葉です。一番よく使われるのはフェミニズムの文脈ですが、LGBT＋コミュニティにとっても間違いなく重要な言葉です。この言葉のもととなる動詞「インターセクトする」とは、重なり合うこと、もしくは交差することを意味します。「インターセクショナリズム」とは、特定のマイノリティ——例えばLGBT＋——の権利に取り組む時は、マイノリティがもつ**ほかのマイノリティである部分**（例えば障がいをもつこと、少数民族であることなど）も考慮に入れるべき、という考えです。上位のグループの中で、サブグループがどんな経験をしているのか。そこに目を配ることが必要だと考えるのです。

フェミニズム――ジェンダー平等や女性の権利運動――の文脈で言えば、運動の中でサブグループの存在に注目する流れを、**インターセクショナル・フェミニズム**と呼びます。フェミニズムでは、中流階級の白人女性に特有の課題や問題ばかりがフォーカスされてきました（残念ながら、今も状況は同じです）。例えば、女性が男性と同じ仕事や役割につくには、強さや賢さが十分ではないとみなされてしまいます。一方で、すべての女性が同じ課題に直面するわけではありません。このことも忘れてはならないことです。

例えば、黒人女性は男らしいとか「男っぽい」と見られたり、女性的（フェミニン）でないとか、恋愛の対象として見られない、という傾向があります。フェミニスト運動の主流にいて、先頭に立つことの多い白人女性とは全然違う――ほとんど正反対の――課題です。また、貧しい状況にいる女性たちには、まったく違ったかたちの差別があります。つまり、ほとんどの女性が似たような困難と差別に直面している一方で、「女性」グループの中には、さらに小さなグループ特有の問題がたくさんある。これが、インターセクショナル・フェミニズムが提起していることなのです。

他の例を挙げましょう。レズビアン、バイセクシュアル、トランスジェンダーの女性は、ストレートのシス女性と同じ問題をたくさん抱えていますが、同時にLGBT＋であることで、多くの差別に直面しています。女性ゆえの問題が、LGBT＋ゆえの問題と**交差する**（インターセクト）ことで、同じ女性でも違う経験をする、というわけです。女性だから受ける差別と、LGBT＋だから受ける差別は、完全に切り離せるものでもありません。クィアの女性が受ける差別は、クィアの男性が受けるものとはまったく別物です。クィア男性の場合は男らしさに欠けるとみなされ「タフになれ」とか「男を上げろ」と有害な男性像を刷り込まれたりします。一方、クィアの女性に対しては「元に戻るべき」という考えがあり、「ストレートに戻す」と言われ、暴力や性暴力を受けることさえあるのです。予想できることかもしれませんが、同性愛嫌悪（ホモフォビック）の人々は、女性嫌悪（ミソジニスティック）の人々とよく交差（インターセクト）しているのです。

フェミニズムの例からわかるのは、ある運動が母体グループの利益に貢献したいなら、様々なバックグラウンドをもつ人々を積極的に迎え入れるよう心がけることが重要だということです。そうしなければ、その運動は実際には、グループの一部にしか役に立たない危険性が高いのです。

なぜインターセクショナリティが重要？

同じようにＬＧＢＴ＋問題でも、インターセクショナルな観点が重要になります。例えば、ゲイ男性とレズビアン女性はどちらも同性愛者（ホモセクシュアル）ですが、社会やコミュニティでどう見られるかが違うため、まったく異なる経験をしています。レズビアンは女性であるために、様々な問題に見舞われます。例えば、異性愛（ヘテロセクシュアル）の男性視聴者を対象にしたレズビアンのポルノが、たくさん作られています。二人の女性が一緒にいるだけで、男性の娯楽の対象になることもあるのです。多くの男性は、女性のパートナーがほかの女性とセックスしても気にならない、という話もあります。それは「本当の浮気ではない」から、というのです。女性同士の関係は、そんなに真剣ではないとか、男女間のような「本当」の関係ではない、と片づけられることも多いのです。

一方、同性愛（ホモセクシュアル）の男性は、セックスが関係のすべてである、というステレオタイプにぶつかります。男性はテストステロン（男性の性的特徴に関係する、いわゆる男性ホルモンの一つ）に支配された生きもので、一般的に女性が重視すると思われている、感情的で恋愛的なことにはそれほど興味をもたない、というステレオタイプに結びついています。つまり、男性の同性愛（ホモセクシュアル）はすべてセックスに結びつくというステレオタイプがある一方で、女性同士の関係は「純粋（ピュア）」で、本当の関係ではないと考えられているのです。共通する問題も、個別の問題もありますが、ＬＧＢＴ＋運動はどちらの問題にも向き合って、社会における真の平等を達成するため、取り組んでいく必要があるのです。

それからもちろん、トランスジェンダーの人々は独自の苦しみをたくさん抱えています。トランスジェンダー・グループの中でも、トランス男性とトランス女性は異なる経験をしています。ノンバイナリーやジェンダーフルイドの人々もまた、ジェンダー・マイノリティとして様々な経験を抱えています。理解を広げ、ステレオタイプに挑むのは必要なことですが、その方法は様々です。あるグループに最適な方法が、ほかのグループにも適しているとは限りません。つまり、ＬＧＢＴ＋コミュニティという広義のグループの中に、トランスジェンダーやキリスト教徒のＬＧＢＴ＋、有色（カラー）の同性愛（ホモセクシュアル）男性など――まだまだほかにもありますが――に特化したグループやコミュニティがあるのは、それぞれのグループ特有のニーズに独自に対応するためなのです。しかし、小さなグループが運動を率いて、理解と権利拡大のために取り組むことは、きわめて非効果的です。だから小さなグループはみんな、大きなＬＧＢＴ＋コミュニティの「中で」活動しなければなりません。これは理論的にはよい解決策ですが、たいていは、声を聞いてもらえないグループが出てきてしまいます。

　例えば毎年、世界の多くの都市でプライド・パレードが開かれますが、ＬＧＢＴ＋の人々の多くは、それは自分たちのためのものではない、と感じています。プライド・パレードはＬＧＢＴ＋運動（ムーブメント）のイメージキャラクターに選ばれるような、白人で同性愛（ホモセクシュアル）のシス男性のためのもので、自分たちの困難はそこに反映されていないと感じているのです。すべてのメンバーのニーズや意見が反映されていないのですから、この状況は、コミュニティにとって危険なことです。

　つまるところインターセクショナルな観点は、ＬＧＢＴ＋運動（ムーブメント）にものすごく重要なことなのです。それぞれのグループが、取り組み方やその目的に応じて同じ発言権をもつのが、理想です。それぞれのグループが、政府はもちろん、ほかのどんな団体とも違う、独自のやり方をもっています。コミュニティがみんなのニーズに配慮して互いに連帯した時にこそ、運動は真に効果を発揮し、同時に、インクルーシブになるのです。

LGBT+の素顔

トーマス「LGBTであることがあたりまえ。それがレンボーゲンの魅力」

トーマスは一九五三年生まれの男性で、世界で唯一のLGBTの高齢者向け住宅、レンボーゲンに住んでいます。若い頃から、同性愛の男性であることをオープンにして生きてきました。同性愛に対する世論が肯定的でなかった時代からです。生涯のアクティビストで、正義への情熱を燃やしています。

私は二〇一三年にレンボーゲンが完成してから、ずっとここに住んでいます。レンボーゲンの魅力は、LGBTであることがあたりまえであり、私たち自身が規範でいられる、この環境にあります。ここの住人も、住人ではない団体のメンバーたちもみな、そう言います。多くの人が生涯を通してずっと、自分はどこか普通ではないという思いを強いられてきた、と口をそろえて言うのです。

七〇年代、私はウプサラに住んでいて、一九七七年に二度目のデモに参加しました。その頃ウプサラには「同性愛者のための団体ウプサラ」（ウプサラは首都ストックホルムから北西約七〇キロに位置する都市）がありました。のちにＲＦＳＬ（ＬＧＢＴＱ－の権利のためのスウェーデン連合）の一部になった団体です。内容は覚えていませんが、ウプサラの政治家が、同性愛者（ホモセクシュアル）に悪い結果をもたらす法律か何かを検討していました。そこで私たちは「デモをしよう」と決めました。二五人ぐらい集まりましたが、とても怯（おび）えていました。何が起こるのだろう――「なぐられるだろうか？　助かるだろうか？」本当に恐怖でした。でも、終わった時には感動していました。デモそのものというより、闘うために何かをしたことで、私たちは恐怖を乗り越えたのです。その頃、ＬＧＢＴ＋コミュニティで人々がなぐられるのはよくあることで、「ホモなぐり（ビート・ファグ）」という言葉があったほどです。同性愛（ホモセクシュアル）の人々が集まる公園では日常茶飯事で、珍しくもありませんでした。常に暴力や差別にあう危険と、隣り合わせで生きていたのです。当時のサブカルチャー界隈では、特に同性愛（ホモセクシュアル）の男性たち――女性のことはよくわかりませんが――は、公園や公衆浴場、公衆トイレに集まっていました。しかし、そこに行けば私たちが見つかるということで――「ホモなぐり（ビート・ファグ）」にはどこへ行けばいいか、人々に知られることになりました。同性愛者（ホモセクシュアル）を探し出して暴行することは、一部の人にとっては趣味のようなものでした。今振り返ればそんなことをする人がいたことも、まわりの人が気にかけなかったことも、信じられません。もちろん当時は暴行を受けたとしても、警察に行くことも、とうてい、できませんでした。ただ受け容れるしかなかったのです。

　それからというもの、スウェーデンでは非常に大きな変化がありました。しかし、なすべきことはまだたくさんあります。すでにおわかりかもしれませんが、私の家族は、あまりいい家族ではありませんでした。私が母にカミングアウトした時、母が言った言葉をそっくりそのまま覚えています。一七歳の時でした。その頃すでに私は、深刻な飲酒問題を抱えていました。自分の感覚を失うほど深酒をしていたのです。でも、ある時、こう気づいたのです。「これ以上無理だ。嘘も隠しごとも続けられない」と。その頃、私は同時に、自滅的なセックス生活も送っていました――自分を罰しようとしているかのようでした。

「同性愛者のための団体ウプサラ」――一九六九年設立の団体ですが――から取り寄せていた同性愛（ホモセクシュアリティ）についての資料があったので、それをかき集めました。家にいたのは私と母だけでした。私は資料をそろえ、母は下の階で掃除をしていました。掃除機の音が聞こえました。私はリビングルームの机の上に資料を置いて、母に言いました。「これを読んで。聞きたいことや疑問があったら、部屋にいるから」。そして階段を駆け上り、部屋に隠れました。心臓がドキドキして、痛みも感じました。下の階からは物音一つ聞こえてきませんでした。私はただ自分の部屋で、待って、待って、待ちました。やがて階段を上ってきた母は、ただこう言いました。「ええとトーマス、私にどうしてほしいの？」一字一句、この通りに。私たちは感情を表現するのがあまり得意ではありませんでしたが、母はこう言うこともできたでしょう、「それでもあなたは私の息子よ」とか、「何もわからないけれど、何かできることはある？」とか、そういう言葉を……。しかし母が言ったのは、「ええとトーマス、私にどうしてほしいの？」でした。

それ以来、私たちはこのことについて話すことはありませんでした。母にはこう言いました。「父さんに知っておいてほしいなら、母さんから伝えて。ぼくからは絶対言わないから」と。私は父を恐れていたのです。今だったら、母はもっとましな態度だったと思いたい。信じられないでしょうが、当時私は「なんてクールな母さんなんだ」と思ったものです。母がヒステリックに泣いたりしないか、恐れていましたから。母はとても冷静だと思いました。しかし、母とその話ができるようになり、母も受け容れられるようになるまでには、何年もかかりました。

母の方は、私に変わりなく接してくれましたが、私はまだ実家に暮らしていて、母から話を聞いた父はひどく激怒しました。両親の寝室の外に座って、父がわめきちらすのを聞いていたのを覚えています。父は「あのホモを追い出せ、同じ屋根の下にはいさせないぞ」。「見てろよ、親父（おやじ）。絶対に出ていかないからな」と、私。何が起こったかと言うと、父は、私とけんかした時いつもそうするように、私をあつかいました。まったく何も話さない、もしくは怒りくるうのです。私は父にとって存在しない人間になりました。相手にとって、自分はもはや存在しない人間であると感じるのがどういうことか、経験したことがなければ想像できないかもしれません。父が家にいる時、私はたまに、わざと父の行く手をふさぎましたが、父はただ静かに私の背後に目を向けるだけでした。父が私に話しかけることは、たった一言もありませんでした。怒りを示してくれれば、まだよかったのですが。一、二カ月が経ち、それ以上耐えられなくなった私は引っ越すことにしました。気分はよかったのですが、同時にアルコール依存と自滅的なセックス生活が加速しました。自由になった私は、いつでも飲みたいだけ飲み、家に男性を招くこともできるようになったからです。その意味では、状況は悪化しました。

私と父がまた話せるようになり、コミュニケーションできるようになるには、三〇年、いや三五年、かかりました。もちろん私たちは時々会ってはいましたが、私は、父が私にとった態度と同じことをしたのです――つまり、私は父を「見なかった」のです。両親は私がカミングアウトした後、数年で離婚しました。父はアルコール依存でしたが、母もまた同様で、大量の薬も飲んでいました。休暇の時は大家族が集まってアルコールを大量に飲み、いつもけんかで終わりました。

一九七六年のクリスマス、母のために家に帰った時のことです。この時も、いつもの通り涙と失望で終わりました。祖母もいましたが、彼女もまた酔っぱらっていました。その時のできごとで、私は「壊れた」のです。今なら笑えることですが、その時は真剣でした……。クリスマスなのに、父と祖母はけんかをしていました。二人とも酔っていて、父は祖母からかつらをはぎ取り、階段を上って上からかつらを振り回し、祖母をあざけりました。私は両親に向かって叫びました――「もうたくさんだ、そのいかれた結婚をどうにかしろよ！　けりがつくまで帰らないからな！」

アルコールがすべての原因だということに、当時の私は気づいてもいませんでした。明らかだったのは、母と父がいつもけんかをしていることだけ。母から電話を受けたのは、それからたったの数日後でした。「トーマス、離婚の書類を準備したわ。お姉さんの誕生日には帰ってくる？」と母は言いました。こうして両親は離婚し、父とのつながりはさらになくなり、父に会うことはめったになくなりました。とは言え、母や姉弟とも、私が同性愛者（ホモセクシュアル）であることについて話すことは一度もありませんでした。それはいわばタブー、ふれてはいけない話題だったのです。

私は最終的には、自滅的なセックス生活を脱出することができました。でも、哀れなことに、当時自分が本当はやりたくないおぞましいセックスをするために、意識を失うまで飲む必要があったのです。こんなめちゃくちゃな生活をやめようとしてようやく、これ以上飲む必要もないことに気づきました。しかしその頃には、私は依存症になっており、アルコールをやめられませんでした。

それでも私は真の関係をもとうとしましたが、一度もうまくいきませんでした。誰かが近づいてくるといつも、恐ろしくなるのです。愛されるのが怖かった。私は父に学んだことをしました――沈黙するのです。はてしなく黙っていると、当然ながら相手は去っていきました。そして私は自分を責める代わりに、彼らを責めていました。

二四歳の時、ある男性に出会いました。初めて参加したデモの関係で知り合った男性でした。ある時、私は家族のイベントに、彼を連れて行きました。みんな私のセクシュアリティを知ってはいましたが、彼氏をオープンに紹介するのは初めてでした。私の彼氏は、弟が通う学校に勤めていました。彼を家に案内すると、家族全員がそろっていました。弟がそれと知らずに、いい仕事をしてくれました。弟は私の彼氏を見て、叫んだのです。「ええ！　トーマス！　ぼくの先生じゃないか！」私の彼氏は、弟のクラスで教えていたのです！　そこから緊張が解け、いつも通りの雰囲気になりました。私のセクシュアリティについては依然、話さないままでしたが、彼氏については自由に話せるようになりました。彼は私の一部になり、私はかつてない解放感に包まれました。それに、みんなが彼を気に入っていました。どんな関係でも――特に付き合いはじめたばかりの時は――まわりに認められることは、本当に重要なことだと思います。

　自らのセクシュアリティに対峙（たいじ）する時は、自己嫌悪や戸惑いと闘わなければなりません。葛藤に折り合いをつけてカミングアウトに至るまでには、本当に長い時間がかかります。そのことをいつも肝に銘じています。もう一つ大事なことは、あなたが話をする相手もまた、同じ場所からスタートしているということです。この話を適切に考えられるようになるまでには、相手にとっても時間が必要なのです。あなたにとってはすでに慣れている話でも、聞く人にとっては初めて向き合うことなのです。相手にも時間が必要です。しかしもちろん、だからと言って失礼なふるまいが許されるわけでもありません。

　自分の感情や性的指向に気づきはじめた頃、それが何なのか、私は理解していませんでした。「同性愛（ホモセクシュアリティ）」という言葉をもっておらず、聞いたこともなかったのです。「ホモ」という言葉も、それが中傷的な言葉であることも知っていましたが、意味するところは知らなかったのです。やがて、男性の体、胸毛のある体の夢を見るようになり、何が起きているのか、理解しはじめました。知らない男性から興味を示された時、母に気をつけるよう言われたことがありました。そのできごとと、自分の見た夢が結びついたのです。あの男性たちと自分自身の欲望とが、なんとなく結びついたのです。言葉で説明することはできませんでしたが、「それが私なのだ」と思いました。

それから何年も、こんな感情をもつ子どもは自分だけだ、こんな男の子は自分だけだと思っていました。自分とおじさんたちだけの話なのだと。その思いは、自滅的な行動につながっていきました。思春期には、子どもではなく大人の体を夢想するものです。こんな思いを抱く子どもは自分だけだ、と思っていたことも重なって、私はそこにつけ込んでくる、年の離れた男性を探すようになったのです。

同性愛(ホモセクシュアリティ)に対する社会の態度について、考え続けてきました。一九七九年、私と彼氏は婚約しようとしていました。ほかのカップルがしているように、地元の新聞に告知を載せたいと思いました。当時、私たちは公の場に出ることが多く、新聞などの記事でもよく紹介されていました。しかし新聞は、婚約の告知を掲載するのを却下し、「そのような告知は掲載いたしません」と言ってきました。出版業者にも話をもっていきましたが、同じ答えでした。その時私は、新聞に告知を載せることだけを考えていました。ほかの新聞社に連絡すると、掲載はするが、オフィスに来て身分証明をした場合に限る、と言われました。誰かをおとしいれるための、虚偽の告知ではないかと疑われていたのです。

こうして、告知は掲載されました。母はそれを見て言いました。「トーマス、婚約したのはすばらしいことだわ。でも、なぜあなたはいつも人を挑発するの？」母は、「ありのままでいるのはいいけれど、それは秘密にしておいて」と言いたかったのでしょう。しかし、同性愛者(ホモセクシュアル)であることが共有されなければ、完全に私自身でいられることなど、ありません。人々には私の一部分しか見えないままです。私がカミングアウトしたり、新しく恋に落ちた相手のことを話そうとすれば、彼らはただこう答えるでしょう。「え、あなたはゲイなの？」と。それから人々の関心は、なぜ私がゲイなのか、どうしてそのことを知ったのか、という話題に移り、新しい恋人の話にはまったくならないのです。私が話したかったのは、彼のことなのに。

機能不全の家庭で育つ子どもたちは、自分を守るためにある種の「役」を演じることがよくあります。私の姉は壁の花の役回りで、目に入らないように、気づかれないようにふるまっていました。弟はクラスのお調子者で、何でもジョークにしていました。そして私は、とても小さい頃から反逆者でした。ありとあらゆることに反対しました。そうですね、小さい頃から不公平だと思うことには何でも反対し、それをやめませんでした。同性愛(ホモセクシュアリティ)に関係のないことでも、不公平だと思うことにはいつも抗議しました。目立たないようにやるのではなく、思うままにやってみるのです。

とは言え、家族にカミングアウトした時も、周囲に受け容れてもらおうと闘っていた時も、私は自分を完全に受け容れてはいませんでした。それができるようになったのは、五〇歳にならんとする頃です。それでも、不正義を許せない質の私にとって、特に当時のゲイ・コミュニティにかかわる抗議行動やデモに参加するのは、自然なことでした。それでインタビューを受けたり、テレビなどにも出演しました。私にとってものごとは、白か黒かなのです。病院に勤めていた時は、そこのLGBTに関する教育プログラムにも参加しました。私とパートナーはプライド運動に全身全霊をかけていました。しかし、あの強力だった運動も八〇年代以降は力を失い、当時の熱量は今や見られません。ついこのあいだまで同性愛が犯罪とされていたことも、それ以前には違法とされていたことすらも、簡単に忘れ去られてしまうことなのでしょう。

私は実際、同性愛を理由に「精神疾患の類」とされ、兵役につくことができませんでした。スクールカウンセラーから、「治療」のための電気刺激療法を紹介されたこともあります。とても信頼のおける人物で、頼りがいもあり話しやすいと評判のカウンセラーでしたが、その療法を私に伝えなければならない義務があるのだ、と彼女は言いました。そうです、こんなことがスウェーデンでも起こっていたのです。

正義と信頼、そしてコントロール――この三つが私にとって重要なことです。育ってきた環境からすれば、おかしなことでもないでしょう。私は周囲から受け容れられるために格闘した後も、自分を受け容れる方法を学ぶため、何年もの間、セラピーに通わなければなりませんでした。それだけでなく、私がずっと抱えてきた他者をコントロールしたいという欲求を手放す方法も、学ばなければなりませんでした。

ありのままの自分をオープンにできなければ、常に、自分の発言にフィルターをかけなければなりません。何も考えず、ただ誰かと話すことができないのは、とても大変で、疲れることです。完全に自分を出せないために、「本当の」私の姿を知る人が誰一人いない、ということにもなります。それはとても孤独なことです。

今日、LGBT+の権利向上のために必要なのは、「受容」から離れて、「ノーマライゼーション」（みんなが平等に生活する社会を実現すること）に焦点を当てることだと思っています。なぜなら何かを受け容れるということは、その存在を認めることしか意味せず、現状に対して積極的に抵抗することではないからです。だからこそ、受容よりもノーマライゼーションに焦点を当てたいのです。ノーマライゼーションが真に達成できた時、プライド・パレードは必要なくなり、そのような活動はなくなっているでしょう。多くの人はプライド・パレードを理解していません。「なぜそんなふうに騒ぎ立てる？　なぜ奇妙に着飾って、大声をあげて下品にふるまうのか？　きみたちのゴールはもう達成されたんじゃないのか？」と考えられています。でも違う、明らかに私たちは、まだゴールに達していません。プライドがいまだに行われ、必要とされているのがその理由です。

もう一つ、多くの人が気づいていませんが、プライド・パレードは、プライド運動（ムーブメント）のごく一部でしかありません。メディアがパレードに注目するために、人々もそういうイメージをもつのです。例えば、ストックホルムのプライド期間には、様々なアクティビティが無数に行われています。

本当のノーマライゼーションが達成されたら、例えば、異性愛(ヘテロ)であるという規範(ノーム)を前提に話すことがなくなるでしょう。女性に対して「ボーイフレンドはいますか？」と聞く代わりに、「パートナーはいますか？」と聞くのです。

最後に——差別的な、人を傷つけるような発言であっても、言いたいことを言う人が容認されるという最近の傾向に、少し恐怖を感じています。ＬＧＢＴ＋の人々がここまで受け容れられるようになったのはすばらしいことですが、ヘイトスピーチも同様に受け容れられていることが心配です。二〇年前であればショックを受けるようなヘイト発言が、許されているように思います。これはまったくもってよい進歩ではありません。最近は日々の生活でも政治の場でも、蔑視的な考えが何の咎(とが)めもなくはびこっています。今日、ＬＧＢＴ＋の人々が抱える困難は、私が育った頃とは多少違いはありますが、まだ当分、解決しそうにありません。

重要なのは私たちが個人として、異なる意見や考え方の人々と民主的に対話を重ね、理解を広げていくことです。それは、社会がよい方向に変化し発展していくために、とても重要なことなのです。

第6章

コミュニティのための居場所

ＬＧＢＴ＋の人々は、よくマジョリティの人々と同じ場所に行き、同じイベントに参加します。スウェーデンの特にストックホルム周辺や、ほかの都市には、ＬＧＢＴ＋の人々のためのバラエティゆたかな場やイベントが存在します。若い人向け、高齢者向け、その間の世代の人々を対象にしたものなど、いろいろあります。またＬＧＢＴ＋の人々のためだけでなく、規範（ノーム）に挑み、より平等ですべての人を受け容れる社会に向けて、アクティブに取り組んでいる場所や団体もあります。

その一つが、「規範に挑む（ノーム・チャレンジング）」幼稚園と言われているものです。

規範に挑む幼稚園

規範（ノーム）に挑む幼稚園は、自分たちでは「規範に挑む（ノーム・チャレンジング）」という言葉を好んで使いますが、ジェンダーレス幼稚園ともよく呼ばれます。

これまでもお話ししたように、規範（ノーム）とは、標準（デフォルト）とか基準（スタンダード）とか、普通（ノーマル）だと考えられているものごとのことです。例えば、女の子の規範（ノーム）は人形遊びやピンク色が好きなこと、男の子の規範（ノーム）はショートヘアで車のおもちゃで遊ぶのを楽しむこと、とされています。スウェーデンではなぜ、どんどん積極的に規範（ノーム）に挑むようになってきているのでしょうか。それは、規範（ノーム）がいつも真実とみなされてしまう危険をはらんでいるからです。規範（ノーム）に従わない人は、従うよう強制されたり、社会的な問題に直面したり、差別を受けたりします。例えば男の子が人形で遊びたかったとしても、「それは男の子が遊ぶものではないから」と、許してもらえないかもしれません。規範（ノーム）は、従わなければならない規則（ルール）になってしまうのです。決めつけられるのは、何が好きかという話に限りません。見た目や生まれもった性器をもとに、人のジェンダーも決めつけられてしまいます。ですが、これまでの話でおわかりのように、その人がもつ性器とその人のジェンダーが一致しないこともあるのです。

規範（ノーム）に挑む幼稚園では——やり方は園によって様々ですが——、子どもや他人のジェンダーを決めつけることがありません。また、規範（ノーム）にもとづいて好き嫌いを推測することもありません。ここで、第1章で説明した“hen”〔ジェンダー中立的な代名詞〕が便利に使えます。子どもたちを呼ぶ時は、「女子」や「男子」の代わりに、また名前がわからない時も「han（彼）」や「hon（彼女）」の代わりに、「子どもたち」「お友達」もしくは「hen（あの子）」が使われます。ただ、ほとんどの場合、子どもたちの名前を呼ぶようにしています。また、園では様々な種類のおもちゃを用意しています。人形やお姫さまグッズなど、伝統的に「女子っぽい」おもちゃから、車や絵の具、そのほかたくさんのおもちゃがあります。子どもたちにいろんな種類のおもちゃで遊ばせて、その子個人が何が好きかを知ることができるように促しています。また、お互いかかわり合って遊ぶこと、女子同士、男子同士のグループに分かれないように遊ぶことも促しています。

このような環境で育った子どもたちは、くつろぎやすく、より自信に満ち、自分と異なる属性をもつ子どもたちとも仲よくすることができる、というのが根底にある考え方です。園では規範（ノーム）に挑むよう促しますが、子どもたちに強制することはなく、「女子」や「男子」といったジェンダー言葉を使っても改めさせることはありません。決まったおもちゃで遊ばせたり、あるおもちゃを使わせないということもありません。これらの幼稚園[★1]では、例えば男性が主人公の本と、女性が主人公の本を同じくらいたくさん置くようにするなど、ジェンダー平等の推進にも特別に気を配っています。

このような幼稚園は、特にストックホルムのような大都市でとても人気になってきていますが、厳しい批判をする人々や団体も多く存在します。これらの幼稚園は子どもたちを混乱させ、小学校に上がった時にいじめられるのではないかと懸念されています。それに対して幼稚園のスタッフは、「規範（ノーム）に挑む幼稚園が広まったのはかなり最近だが、そのような懸念を裏づけるエビデンスは何も確認されてない」と言います。スウェーデンの新聞のインタビューで、ある幼稚園のスタッフは、「子どもたちは自分と異なる子どもたちを受け容れるようになり、自信をつけた」と答えています。もう一つ重要なのは、記事で紹介されている幼稚園では――園によってアプローチは少しずつ違いますが――スタッフは「彼女」「彼」「お母さん」などのジェンダー言葉をほとんど使わないものの、子どもがそうした言葉を使っても訂正させないということです。強い指向をもつ場合はその子の好む言葉を使うのです。幼稚園の目標は反対派が言うような、「女子を男子にして、男子を女子にする」ことではありません。伝統的なジェンダー役割にしばられることなく、子どもたちがその子自身になれるように、背中を押すことなのです。現在、これらの幼稚園は、規範（ノーム）との違いがすでにあらわれている子どもの家族や、親がＬＧＢＴ＋コミュニティの一員である家族を惹きつけています。

ＬＧＢＴ＋のユースセンターとサポートグループ

ここまで規範（ノーム）に挑む幼稚園を紹介しましたが、成長したＬＧＢＴ＋の若者に特化した場所もあります。スウェーデンには、放課後に過ごせるユースセンター（若者のための余暇施設）がたくさんあります。ここでは大人の監督のもと、子どもたちがゲームをしたり時間を過ごしたり、様々なアクティビティに参加できます。ユースセンターは、支援の足りない子どもや不安定な家庭で育つ子どもたちにとっては、特に重要な場所です。ＬＧＢＴ＋の子どもたちは弱い立場にいることが多く、厳しい家庭環境で高いリスクを抱えているため、このような場所は特に重要なのです。

ＬＧＢＴ＋の子どもたちに特化したユースセンターはありますが、最近、そのうち一カ所の助成金が政府によってカットされました。緊急性の高いほかの団体のサポートに予算を回すため、という理由でした。またエガーリア（Egalia）というユースセンターは、週二回オープンしていてスタッフもいましたが、五万クローナ（約五七万円）の財源カットにより、週一回のオープンに切りつめられました。★2

もちろん、ＬＧＢＴ＋の子どもたちは、ほかのユースセンターに行くこともできますが、リスクが増えることも知っておかなければなりません。知らない子どもたちと接触すると同性愛嫌悪（ホモフォビア）やトランス嫌悪（フォビア）を示されることもあり、子どもたちにとっては危険な環境になってしまいます。このようなことが起きた場合はもちろんスタッフが是正しなければなりません。ですが、学校やユースセンターでの様々な理由によるいじめの存在は確認されており、スタッフの介入がきかないケースもあります。知らない人が近くにいたら、子どもたちはカミングアウトもできません。ユースセンターにいる間ずっと、自分の大きな部分を占める大事なことを隠したままで、過ごさなければなりません。ＬＧＢＴ＋の子どもたちが十分にサポートを受け、安全な環境のもと、リラックスして自分自身でいられるために重要なのは、エガーリアのようなユースセンターが存続し、十分な資金をもつことです。

ユースセンターのほかに、子どもや若者と定期的に会って、いろんな問題や心配ごとを話し合うサポートグループもあります。こういったグループは学校や公立図書館、ほかのユースセンターで集まります。経験を共有できる、年上のLGBT+の人々が主体となることが多いです。RFSL（LGBTQ+の権利のためのスウェーデン連合）には数多くのサポートグループがあり、移民のLGBT+や、障がいをもつLGBT+の人々のためのグループもあります。サポートグループを組織する時は特に、インターセクショナリティ（第5章参照）のことを思い出すことが重要です。複数のマイノリティ・グループに属している人は、「一つだけ」のグループに属している人とは異なるニーズをもつことがあるからです。だからと言って、複数のマイノリティ・グループに属する人はほかの人と同じグループに参加できない、ということではありません。自分たち特有の課題においても、コミュニティ全体のもつ課題においても同様に、必要なサポートにアクセスできているかどうか、確かめる必要があるのです。

バーとクラブ

安全な場所を求めて

楽しみたい時、または恋愛的な出会いや性的な出会いを求めて誰かに会いたい時は、クラブやバーに行く人が多いです。でも世の中はほぼ異性愛（ヘテロノーム）が規範とされているので、まわりの人はみんなストレートやシスジェンダーだと決めつけています。大多数の人はシスジェンダーや異性愛（ヘテロセクシュアル）ですから、そう思っても完全な間違いではありません。でも夜の時間に、そんな場所でＬＧＢＴ＋の人々が誰かにアプローチしようとすると、残念ながら問題が起こります。

一つめの問題は、見知らぬ群衆の中でＬＧＢＴ＋の人々を見つけるのは単純に難しい、ということです。例えばレズビアンの人が、女性に惹かれる女性を普通のバーで見つけるのは難しいかもしれません。その場に女性に惹かれる女性がいたとしても、見た目だけで判断するのは不可能です。拒否されるのは苦しいことです。自分のジェンダーを理由に拒否されることも例外ではありません。

ＬＧＢＴ＋の人々は、ＬＧＢＴ＋コミュニティ内に友人をもつ傾向にあるので、友人同士で出かけても、知らない人の中からパートナー候補が見つかることは、仲間の誰にとっても可能性の低いことです。もちろん、シスジェンダーの異性愛（ヘテロセクシュアル）の人たちも、必ず誰かを見つけられるとは限りません。異性愛（ヘテロセクシュアル）の男性が言い寄った女性がレズビアンで、ジェンダーを理由に拒否されることもありうることです。でも大多数は異性愛（ヘテロセクシュアル）でシスジェンダーの人々ですから、ジェンダーを理由に断られる確率は、ＬＧＢＴ＋コミュニティのメンバーよりも低いのです——これが潜在的な問題の一つです。

もう一つの問題は、アルコールが入った状態で恋愛的・性的に相手を探している環境では、セクシュアル・マイノリティやジェンダー・マイノリティであることで、暴力や暴言にさらされるリスクが高まることです。これは一番の問題と言えるでしょう。男性が男性にアプローチしようとしたら、相手が同性愛嫌悪（ホモフォビア）だったという不運が起きるかもしれません。相手が暴力的になりやすい人だったら、アプローチした男性は乱暴されるかもしれません。トランス女性がシス男性とダンスをすることになったらどうでしょう。シス男性にトランスジェンダーだと気づかれただけで、男性からトランス嫌悪（フォビア）を示されるかもしれません。

ネガティブな反応が言葉「だけ」の場合もありますが、ＬＧＢＴ＋コミュニティの人々は、シスジェンダーで異性愛（ヘテロセクシュアル）の人々よりもずっと、暴力にあうことが多いのです。とりわけトランス女性は、そして有色（カラー）のトランス女性は特に、暴力にあったり殺されるリスクが高いのです。[★3]スウェーデンは例えばアメリカよりも安全ですが、こういった女性たちはいまだに弱い立場におかれています。暴力に関する調査ではバイセクシュアルの女性もまた、暴力を受ける比率が高くなっています。バイセクシュアルの女性はパートナーや家族からの暴力を受けることが多く、トランス女性は家庭内でも知らない人からも、暴力を受ける比率が高くなっています。

この二つの問題からも、ＬＧＢＴ＋の人々が普通のバーやクラブに行くのをためらう理由が理解いただけるでしょう。だからこそ、ストーンウォール〔第３章参照〕の時代やそれ以前から、ＬＧＢＴ＋コミュニティに特化したバーやクラブがあるのです。このような場所はＬＧＢＴ＋コミュニティのメンバーに出会う場となり、人々にとって安全な場所でもあったので、広がりを見せていきました。友人同士でも、恋愛関係や性的関係の間柄でも、人々に出会える安全な場があるということは、歴史を通してＬＧＢＴ＋コミュニティにとって非常に重要なことでした。同性愛的（ホモセクシュアル）な活動や「ジェンダーから逸脱すること（ジェンダー・ディビアンス）」は違法とされてきたので、こうした集まりは歴史を通して、秘密裏に行われることが多かったのです。今このような場が新しく出現してきているように見えるのは、以前は集まりが秘密裏に行われていたことが理由の一つかもしれません。セクシュアル・マイノリティやジェンダー・マイノリティ自身が新しく出現してきたように見えるのと、同じことです。こうした集まりは見つかるリスクを減らすために、開催場所をたびたび変えていました。ですから、コミュニティ外の人は、この集まりの存在を知らないことが多かったのです。当時は違法とされていましたが、ヨーロッパでは一七〇〇年代に存在していたという記録があります。おもに同性愛者(ホモセクシュアル)の男性が対象で、そのほとんどがイギリスやフランスにあったようです。[★4]

減少傾向のナイトスポット

スウェーデンでは近年、ＬＧＢＴ＋の夜のスポットが相応に見られるようになりましたが、一方でそうした場所は減ってきているようで、コミュニティでは多くの人が心配しています。これはスウェーデンに限ったことではなく、ある研究によると、世界中のゲイバーは二〇〇五年から二〇一一年にかけて一二パーセント減少しています。[★5] ゲイクラブやゲイバーのオーナーによると、お客さんがどんどん減っていて、古いお店が閉鎖しても、新しいお店がオープンすることがないのだそうです。グラインダー（Grindr）のようなＬＧＢＴ＋向けデートアプリや、バンブル（Bumble）、ティンダー（Tinder）といった一般向けデートアプリの普及が原因だという人もいますが、そうではないという人もいます。先の議論で参照したのはホーネット（ゲイのソーシャルネットワーク）が二〇一七年に発行したリポートの第一版で、アメリカでの報告です。しかし多くのテーマはスウェーデンで起きている問題とよく似ているので、スウェーデンにおけるゲイバーの話と関連づけて紹介しました。

　デートアプリによって恋愛パートナーや性的パートナー探しが簡単になったのは事実ですが、それがＬＧＢＴ＋の夜のスポットが減っている理由のすべてではないようです。ホーネットのレポートでは、プライド運動（ムーブメント）の成功によってＬＧＢＴ＋の受け容れが進み、安全圏が拡大し、現実としてゲイバーの必要性が減少したという説が、代表的な理論として紹介されています。ほかの可能性、少なくとも要因として考えられることは、これらのバーやクラブが、とりわけゲイのシス男性のための場になっているということです。レポートでは、女性やトランスジェンダーの人々は、そうした場所から排除されていると感じている、と報告されています。レズビアンバーもありますが、そもそも数が少ない上に、ゲイバーよりも急速に減少しています。これは実際、私が東京に住んでいる時にも気づいたことでした。東京の夜のＬＧＢＴ＋スポットの多くは新宿二丁目付近に集まっていますが、友人と時々行ったことがあります。よく行った二つのお店は、明らかにゲイのシス男性がターゲットでした。私に敵意を示す人はいませんでしたが、私には場違いのように感じました。レズビアンバーを探そうとしましたが、オンラインで見つけたよく知られているお店は閉鎖したか、少なくとも見つけることができませんでした。

　このような場の必要性がなくなっているという事実は、前進なのかもしれません。でも、ＬＧＢＴ＋の夜のスポットが減っていることは大きな喪失でもあります。このような場はもう必要とされていないのかもしれませんが、自分が普通（ノーマル）だと感じられる場所、自分が規範（ノーム）であり自分のことを説明しなくてもいい場所があることは、とても価値あることなのです。それがどれだけ大切なものなのか、私たちは失うまで気づかないのかもしれません。

宗教コミュニティとLGBT+

スウェーデン社会における宗教の影響

スウェーデンに関して、外国ではあまり知られていないかもしれない事実があります。それは、スウェーデンが世界の中でもっとも世俗的な国の一つだということです。二〇一八年のテレグラフ紙（イギリスの新聞）による様々な団体の研究によると、自分が「信仰心がある」と感じるスウェーデン人は一九パーセントしかいません（日本では同様に答える人の割合は一三パーセント）[★6]。

その一つの理由は、スウェーデンには復興異教主義の「アサトロ」[★7]や、数々の北欧（ノース）の神・女神を信仰する多神教のルーツがあり、キリスト教徒の国になったのが比較的遅かったからかもしれません。スウェーデンはこのアサトロからカトリックに移行し、それからプロテスタント、そして現在の世俗主義になりました。政教分離されて国教はもうありませんが、形式上はスウェーデン人の五八パーセントがキリスト教福音主義のルター派であるスウェーデン国教会のメンバーです[★8]。公式に政教分離された二〇〇〇年まで、スウェーデンで生まれた子どもたちは全員、自動的に教会員になっていました。彼らの多く（正直に言うと私自身も）は、宗教的でないにもかかわらず、実際に教会に記録されることを気にしてきませんでした。そのため、「信仰心がある」スウェーデン人は多くないのに教会員の数は多いのです。現在、スウェーデンでもっともポピュラーなのはキリスト教（いろんな宗派があり、ほとんどはプロテスタントです）とイスラム教です。

スウェーデンにおける宗教の影響は、例えばアメリカほど強くはありませんが、それでもスウェーデンの人々の生活に影響を与えていないわけではありません。特に信仰心の篤（あつ）い人にとっては当然、影響が大きいことです。宗教が影響力をもたない社会であれば、LGBT＋の人々を宗教が実際どう捉えているかは、信仰をもたない人には影響のない話です。しかし、信仰をもつ人々にとってはもちろん、大きな影響があります。多くの宗教――キリスト教やイスラム教など――には反LGBT＋活動の支部や集会があり、聖書や教典の一節を引用して、神は反LGBT＋だと主張することもあります。つまり信仰心をもつLGBT＋の人々は、自らの信仰と内面化された同性愛嫌悪（ホモフォビア）のために、差別にあったり自己否定感に苛（さいな）まれるリスクがあるのです。それはスウェーデンに限らず、どの国においてもそうなのです。

宗教コミュニティには同じ慣習や信条があり、結束が固いことが多いです。同じ信仰をもつ仲間の意見や見解が、その人の大部分をかたちづくり、社会的な生活も宗教コミュニティに強く結びついているものです。LGBT＋の人が属する宗教コミュニティが、反LGBT＋的だったらどうでしょうか。その人はコミュニティから排除されるのを恐れて、自分のセクシュアル・

アイデンティティやジェンダー・アイデンティティをオープンにできないでしょう。同性愛嫌悪(ホモフォビア)をさらに内面化したり、うつになることもあります。自分に悪いところがあるとか、ただ自分がいるだけで罪なんだという思いを深めてしまうのです。多くの宗教は価値感の上でも政治的にも保守的な傾向があるので、宗教コミュニティが反ＬＧＢＴ＋になるリスクは、宗教色のないコミュニティやグループよりも高いのです。それは、宗教コミュニティに属するＬＧＢＴ＋にとって非常に苦しいことですが、すべての宗教や宗派がそうではないと知っておくことも、とても重要です。

信仰をもつＬＧＢＴ＋のサポートグループ

宗教コミュニティがリベラルで、ＬＧＢＴ＋フレンドリーな考え方をもつ場合は、そのコミュニティと信仰そのものがエネルギー源にも、強さの源泉にもなってくれます。一般的に教会や各宗派はかなり反ＬＧＢＴ＋ですが、中にはとても協力的でＬＧＢＴ＋を支持するグループやコミュニティもたくさんあります。前述のように、宗教的グループは強い結びつきをもつ社会的コミュニティでもあります。そのため、コミュニティにとってありのままを受け容れられないような人が出てきた時には問題になることもありますが、受容度が高くインクルーシブであれば、コミュニティの結束が最高のエネルギー源にもなります。例えば、もしトランスジェンダーの人がカミングアウトした後に両親から敬遠されたとしても、宗教コミュニテイの存在が、愛され、気にかけてもらっていると思わせてくれるかもしれないのです。

様々な信仰をもつＬＧＢＴ＋メンバーをサポートするグループもあります。一つはＥＫＨＯというグループで、「同性愛のキリスト教徒のための世界教会主義グループ」の頭文字をとっています。[★9]一九七六年にＲＦＳＬの三人のメンバーによって創設され、当時はシンプルに「キリスト教徒（クリスチャン）グループ」と呼ばれていましたが、まもなく名前をＥＫＨＯに変更しました。その後、この団体は支援の対象を広げましたが、ＥＫＨＯの名前がすでに広く使われ、知られていたので名前はそのままになりました。団体創設から四〇年以上、彼らはスウェーデンにある様々なキリスト教コミュニティの中で、ＬＧＢＴ＋コミュニティの受け容れが進むように活動してきました。例えばＬＧＢＴ＋コミュニティについて情報を伝えたり、差別があることを社会に知らせるなど手法は様々ですが、多くのコミュニティの考えを変えるという難しいことを、創立以来、成し遂げてきました。そのおかげでキリスト教徒のＬＧＢＴ＋の人々は、以前より暮らしやすくなりました。ＥＫＨＯは非営利組織で、スウェーデン政府に支援されています。[★10]

世界初のＬＧＢＴの高齢者住宅レンボーゲン

レンボーゲン（スウェーデン語で「虹」を意味します）は、スウェーデンの首都ストックホルムの美しい近郊にある、シニア世代のＬＧＢＴのための高齢者住宅です。二〇〇九年に設立され、二〇一三年にオープンしました。現在はＬＧＢＴの高齢者に二八部屋が貸し出されています。

現代のスウェーデンはＬＧＢＴ＋フレンドリーな国として知られていますが、実は、社会が急激に進歩したのはつい最近です。つまり今高齢の人たちは、自分のセクシュアル・アイデンティティやジェンダー・アイデンティティのために、苦難の人生を送ってきた可能性が高いのです。

社会に変化が起きた今でも、自らのアイデンティティをオープンにしない人がたくさんいます。レンボーゲンは、そうした高齢者が安心できて、受け容れられる場所を作るために設立されました。人々はそこでコミュニティをもち、自分の過去を話し合える相手も見つけることができます。レンボーゲンは世界で初めて､高齢のＬＧＢＴに特化した高齢者住宅となり、メディアの注目を国内外で大いに集めています。日本のテレビ番組でも取り上げられたことがあります。こうした高齢者住宅のニーズが高いとわかったこと、そしてまだすべての人が入居できるわけではないことから、現在レンボーゲンは施設を増やす計画を立てています。

カーリン「アイデンティティはわたしの事実で、信仰はわたしの選択」

LGBT+の素顔

カーリンは、レズビアンでクィアの女性です。自分を「関係性の無法主義者（リレーションシップ・アナキスト）」と言い、人との関係にレッテルを貼って制限することを嫌います。キリスト教徒でもあり、大きな教会のコミュニティに所属しています。

わたしがどうやって生活しているのか、不思議に思う人は多いと思う。わたしはキリスト教を深く信仰しながら、一方でフェティシズム★11やBDSM★12にはまっているの。スウェーデン人だけど、インドに深いつながりがある。普段の生活ではとても女性的（フェミニン）だけれど、時々ジェンダーフルイド〔ジェンダー・アイデンティティが流動的に変わる人〕でいることを楽しみたい。でも結局は、人生にベストを尽くそうと生きてるだけなのかもね。ほかのみんなとちょうど同じように、かつ違うように。

わたしはまわりのみんなに尊敬をもって、愛情深く正直に生きたいの。神の愛と、周りの人の愛をすごく感じる。それはわたしにとって誇らしいことで、愛情を返すのもあたりまえのこと。

わたしはマンションに一人で住んでる。自分がよく型破りな関係性をもつことに気づいて、自分を「関係性（リレーションシップ）の無法主義者（アナキスト）」と表現するようになった。基本的に、「友達」とか「ガールフレンド」っていうラベルはわたしの人生を制限するものだと感じるの。セクシュアリティを隠さないで、みんな幸せに生きられるってことが、わたしにとって一番大切なこと。お互いに感謝しながらね。つまり伝統的なパートナーをもつ時もあるし、そうじゃない時もある。一番大事なのはお互い信じ合って、惹かれ合って、そして互いの境界線を尊重すること。自分を制限しようと従来型の関係だけを作っていた時は、あんまりいい感じじゃなかった。今はありのままに生きているし、まわりとの関係にも満足してる。みんなが正直でオープンである限りはね。

両親はわたし自身が気づく前に、わたしがゲイだって知ってたと思う。わたしは幼稚園の頃からずっと女の子にしか興味がなくて。あまりにもはっきりしていたから、カミングアウトする必要もなかったくらい。わたしのセクシュアリティやジェンダーのすべてをオープンに話すわけではないけれど――例えば家族で集まる時なんかはね――、わたしは親しい間柄の人みんなに対してオープンで正直よ。それに、わたしがゲイだってことを、家族みんながそのままの事実として捉えてる。それってすばらしいことよね！

スウェーデンのLGBT+コミュニティには、だいたいよいイメージがあるけど、でも、それもちょっと限定的な見方かなって思う。LとG（レズビアンとゲイ）についてはよく話題になるけど、ほかのグループについてはまだまだ不十分。ＬＧＢＴ＋は同性同士の恋愛関係にとどまらない、もっと大きな意味をもつものなの。それはアイデンティティにもサブカルチャーにもかかわることだし、社会の規範（ノーム）とは違う、ということ。この国にはとても安全なところで快適に暮らす人たちもいるけれど、みんなが恵まれてるわけじゃない。社会はありとあらゆる多様な人々を必要としている。あらゆる人々が、目を向けられて声を聞いてもらう価値をもっている。わたしはそう信じているの。

　レズビアンのことは、誤解されてると感じることがよくある。単に「ふさわしい男を探せ」ばいいとか、男性を嫌ってるとか思われてる。でもそれはまったく真実じゃない。わたしは人生で、たくさんの男性を好きになったし愛したことがあるけど、ただ、彼らと寝たくないってだけ。自分の惹かれる相手とは違うジェンダーの人に「挑戦（トライ）」してみたら、なんて言われることはストレートの人は絶対ないのに、不公平だわ。

　それに、人がイメージするレズビアン像に、わたしはあてはまらないみたい。「レズビアンには見えない」ってほかのレズビアンからもよく言われる。でも、セクシュアリティっていうのは、誰に惹かれるかってこと。どんなふうにメイクアップするとか髪を切るとか、そういうことじゃない。誰でもＬＧＢＴ＋でありうる。見た目だけでは判断できないの。それからマイノリティであるということは、常に大きな恐怖があって、時に怒りにとらわれるということ。健康に過ごせるのか、道で襲われないか、教会で牧師が突然、わたしみたいな人たちはどこか間違ってるって話を始めるんじゃないか……確信できない。パートナーに暴行されても警察から真剣に扱われないのがこわい。キャリアに傷がつくのが怖い――表向きは法律に守られてると言ってもね。これまで何度も何度もひどい扱いを受けてきたから、そういう恐怖を手放すことができないの。

同性愛が終身刑だった頃のインドに住んでたの。スウェーデンとは大きく違った。わたしはスウェーデンではオープンだし、プライド・パレードなんかにも参加する。でもインドでは、すべてをひた隠しにしてた。インドでは、恐怖は単なる感情じゃなくて、生きのびるための戦略だった。その後、法律が変わったのはすごくうれしい。自分だけじゃなくて、インドに何百万もいるＬＧＢＴ＋の人々のためにね。いまだに、スウェーデンにいてもよそ者（アウトサイダー）みたいに感じることがある。討論や議論の対象にはなりたくないの。ただ、わたしをありのままで認めてもらいたいだけ。

わたしはキリスト教徒で、教会はわたしの人生で重要な役割を果たしてる。教会で働きはじめて数年になるけど、いつか司祭になるのが夢なの。わたしの信仰に、ＬＧＢＴ＋の人間だというアイデンティティが影響してるとは思わない。ＬＧＢＴ＋というアイデンティティは事実（ファクト）で、信仰を実践するのはわたしの選択（チョイス）。でも時々、正反対だと思われる――ＬＧＢＴ＋であることは私の選択（チョイス）で、信仰を実践するのは事実（ファクト）だってね。社会の視点が限定的だってことを表しているわよね。わたしの信仰では、すべての人間は神のイメージ通りに創造されたもの。そこにはセクシュアル・マイノリティやジェンダー・マイノリティも含まれる。

わたしの教会はとても大きなコミュニティだから、同性愛に対してあらゆる考え方をもつ人がいる。地獄へ落ちろとわたしを非難する人から、ＬＧＢＴ＋の権利のために毎日働く人まで。教会では、ＬＧＢＴ＋でいることが難しいこともあるけれど、わたしの信仰が支えてくれる——すべての人間を創造した神への信仰と、神の愛を広める私の使命がね。キリスト教はＬＧＢＴ＋の人々を長い間弾圧してきたし、その歴史からわたしたちはまだ完全には解放されていない、悲しいけれど。それはつらいことだけど、ものごとをよりよくしようと闘うモチベーションにもなってるわ。イエス様の足跡をたどっていくこと、社会で見えない存在にされ、弾圧されて苦しんでる人のために闘うことが、わたしの務めだと感じるわ。

一つ願うのは、教会がもっと表立って支援してくれるようになること。知り合いの多くは、ＬＧＢＴ＋の人々に何も反対はしないけど、積極的なサポートもしていない。それだと本当は歓迎されていても、ＬＧＢＴ＋の人たちが不安になったり、歓迎されてないと感じたりするリスクがある。不安や安心できない気持ちはわたしたちにプログラミングされてるようなものだから、それを変えるためには表立ったサポートが必要。ＬＧＢＴ＋の人たちが教会で教えを説いたり、聖書でＬＧＢＴ＋の人たちが出てくる話を取り上げたり——信じて、ほんとにあるんだから——、教本を作る時やマーケティングチームにＬＧＢＴ＋の人たちが加わる必要があると思うの。これらはすべて、社会全般に必要なこと。安心して受け容れられるためには、わたしたちは目に見える存在にならなければいけないの。

原注

★1　スウェーデンの新聞アフトンブローデット（Aftonbladet）によるプレスクールエガーリア（Egalia）に関する記事。＊

★2　スウェーデン最大のゲイサイトＱＸの記事より。＊

★3　スウェーデンの南アフリカ支援団体アフリカグルッペナ（Afrikagrupperna）公式ウェブサイトより。＊

★4　ウィキペディア（英語）のモーリー・ハウス（Molly house）の記事を参照。＊

★5　ゲイのソーシャルネットワークであるホーネット（Hornet）公式ウェブサイトの記事より。＊

★6　イギリスの新聞テレグラフの記事。＊

★7　アサトロ（Asatro）北ヨーロッパに古くから伝わる北欧神話。多神教で、雷神トール、美と豊穣の女神フレージャ、知と戦いの神オーディンや巨人、モンスターなどが登場する。信仰者は時に神々に生贄をささげ、神話でこの世界を捉えている。現在でも信仰する人々がいる。

★8　スウェーデン政府のウェブサイトより。＊

★9　ＥＫＨＯ　Ekumeniska gruppen för Kristna Homosexuella（同性愛のキリスト教徒のための世界教会主義グループ）の略称。

★10　ＥＫＨＯの公式ウェブサイトより。＊

★11　フェティシズム　身体の部分や身につける物などに性的偏愛を示すこと。

★12　ＢＤＳＭ　ボンデージ（拘束行為）、ディシプリン（体罰行為）、サディズム、（加虐性愛）、マゾヒズム（被虐性愛）の頭文字をとった性向の略称。

第7章

カミングアウトとは？

カミングアウトというコンセプト

それは果てしないプロセス

ここまでお伝えしてきたように、ＬＧＢＴ＋コミュニティはとても多様性に富んでいます。セクシュアル・マイノリティだったりジェンダー・マイノリティだったり、ＬＧＢＴ＋コミュニティの一部と言っても、それぞれの事情がありそれぞれの経験をもっています。でも、私たちみんなに共通していることがあります。それは「カミングアウト」です。

カミングアウトとは、自分がセクシュアル・マイノリティやジェンダー・マイノリティであるという事実を、ほかの人に明らかにすることです。映画や本で観たり読んだりする限り、それは一度きりのことだと思うかもしれません。でも実際は、それは終わることのない、ずっと続くプロセスなのです。

新しい人に会うたびに、この人に伝えても大丈夫だろうかと決断を迫られます。また、カミングアウトは気まずくなりがちです。個人的に私は、カミングアウトのコンセプトそのものが好きではないのですが、同じ意見の人をたくさん知っています。私がバイセクシュアルであることは、初めて会う人みんなにとって適切な話題というわけではありません。だから、自分から話題にすることには違和感があるのです。でも、もし私がカミングアウトしなければ、出会う人のほとんどから異性愛者（ヘテロセクシュアル）だと思われるのが現実です。残念ながら、これは私にとって、カミングアウトするより不快なことです。「ボーイフレンドはいる？」「いつか夫をもったら、きっとわかるわ」「どんな男性が好き？」これらは私が言われたことのある、無邪気で一般的な質問や発言の一部です。毎回こんなふうに質問されたり声をかけられたりするたび、決断を迫られます。訂正した方がいい？　誤解されたまま話を続けてもらう方がいい？　と。

「実は私、バイセクシュアルなの」という言葉は、なぜかとても言いづらいのです。そう言ってから返事が来るまで、息を止めているような気分になります。でもうわべは冷静に、ひたすら答えを待つのです。「ああ、そうなんだ」とだけ言われることがほとんどです。私は息を吐き出し、安心します。会話はそのまま続き、私の気持ちは軽くなります。でも時々、「へえ、クールだね。ＬＧＢＴ＋コミュニティを本当に応援しているよ」とか、それに近い台詞が返ってくることがあります。その返答は、さらに気まずいものです。私はそのことを大げさに思ってほしくない。私に関する情報の中の小さなかけらの一つだけで、私を見る目を変えてほしくないのです。さらにこれは、個人的（プライベート）なことでもあります。

それでも私は何度も何度もカミングアウトします。自分が、本当の姿とは違って見られているのを知りながら何もしないのは、しっくりこないからです。自分がものすごく恵まれていることも、知っています。気まずい反応をする人も中にはいますが、セクシュアリティを理由に拒絶されたことも、敵意をもたれたり暴力にあったこともありませんから。ほかのバイセクシュアルの人々は、「今がそう思う時期なだけだよ」とか「どっちかに決めればいいだけ」とか「それは本当のセクシュアリティですらないよ。混乱してるだけ」などとよく言われるのを知っています。「（好きになるのを男女どちらにするか）決める必要がある」という考えは、ＬＧＢＴ＋コミュニティの中にもあります。私のケースがもっとも理想に近い、というのが実際のところかもしれません。敵意ももたれず、だいたいいつも受け容れてもらえるのですから。

スウェーデンでもリスクはまだある

居心地の悪さや気まずさを感じることは実際ありますが、それはさておき――私が理想に近いとしても、私がカミングアウトする時は、両性愛嫌悪（バイフォビア）がいまだにスウェーデンにもあることを常に意識しています。事実、バイセクシュアルの女性は統計的にも、異性愛者（ヘテロセクシュアル）の女性やレズビアンの女性より暴力にあいやすいのです。私は、そのような被害にあったことはありませんが、**私のような人**はたくさん被害にあっている。だから、完全にガードを下げることはできないのです。さらに弱い立場にいることが多いトランスジェンダーの人々は、どんなふうに感じているのでしょうか。私には想像できません。
　カミングアウトとは、言葉だけの話ではありません。人前で男性がボーイフレンドにキスするたびに、その二人は見ている人みんなにカミングアウトすることになります。同性のパートナーと手をつないで路上を歩くだけでも、勇気がいることです。これは、暴力や迷惑行為（ハラスメント）の被害をまだ受けたことがない人々にとってもそうなのです。なぜなら暴力や迷惑行為（ハラスメント）は、今も、いつでも起こりうることだから。社会の受容度が高まるにつれてリスクは小さくなっていますが、それでもいまだに、スウェーデンでもリスクはあるのです。
　この状況はもちろん、ＬＧＢＴ＋の人々のメンタルヘルスにとってよいわけがありません。痛ましいことですが、ＬＧＢＴ＋コミュニティのメンバーが、メンタルヘルスが弱い上に心の健康を害しやすく、自殺を図りやすいのは驚くことではないのです。二〇一〇年のスウェーデンの研究によると、一六歳から二九歳のバイセクシュアルもしくは同性愛者（ホモセクシュアル）女性の二五パーセントが自殺を試みています。その割合は同世代の異性愛者（ヘテロセクシュアル）女性では八パーセントです。また、同世代のトランスジェンダーの人々のほぼ半分は、自殺を考えたことがあります。ＬＧＢＴ＋の若者は他者に対する信頼感が低く、抱えている不安も大きいのです。[★1]
　スウェーデンのＬＧＢＴ＋コミュニティに解決すべき課題はもはやないと言う人々もいますが、この統計を見れば、その見方が真実でないとわかるでしょう。もしスウェーデンがＬＧＢＴ＋の人々にとって、生きるのに完璧な国なら、セクシュアル・マイノリティやジェンダー・マイノリティとマジョリティのあいだで、メンタルヘルス全般の統計に差が出ることはないはずです。トランスジェンダーの人々のメンタルヘルスがこれほど悪い状態にあるということは、トランスジェンダーのための対策が、まだまだ足りていないという明確なサインなのです。

誰かがあなたにカミングアウトしたら

パッシングというコンセプト

カミングアウトは常に自らの意思でするもので、セクシュアル・アイデンティティやジェンダー・アイデンティティは、秘密にしておけるべきものです。けれどもトランスジェンダーの人々にとっては、それが難しいことがあります。それを理解するには、「パッシング」というコンセプトについてお話しする必要があります。

パッシングとは、トランスジェンダーだと気づかれずに「通過（パス）」できる、という意味です。例えば、伝統的に女性らしいとされる見た目のトランス女性であれば、誰にもトランスジェンダーだと思われません。つまりシス女性（生物学的な性とこころの性が一致している人）として「通過（パス）」できるので、トランス嫌悪（フォビア）や暴力に遭遇する可能性が少なくなります。一方、伝統的な男性らしく見えるトランス女性は「通過（パス）」できないかもしれません。知らない人からトランスジェンダーではないかと疑われ、自分では言わずとも「アウティング（セクシュアル・アイデンティティやジェンダー・アイデンティティを本人の了解なしに暴露すること）」されるかもしれない、ということです。

トランスジェンダーの人々にとって、パッシングするか否かは安全やプライバシーにかかわる問題であり、メンタルヘルスに影響することでもあります。例えばトランス男性がいつも女性として見られたり、完全な男性として見られなかったりすると、自己像（セルフイメージ）にも非常に悪影響があります。トランスジェンダーではない私には、その経験がどんなことか、完全に理解することはできません。けれど(シス女性の立場で想像した時に)自分がよく男性に間違われるとすれば、女性として自信をなくし、挫折感を覚えると思います。トランスジェンダーの人々は、身体的な性とこころの性が不一致（ミスマッチ）である感覚、すなわち性別違和（ジェンダー・ディスフォリア）を抱えていることがよくあります。ですから、「パッシング」できずに誤ったジェンダーとして扱われると、この不一致（ミスマッチ）感が増す可能性があります。これはもちろん、その人のメンタルヘルスに悪影響を与え、性別違和（ジェンダー・ディスフォリア）をさらに悪化させることになります。

信頼を守ることが重要

もう一つ、きわめて重要なことがあります。決して誰かを「アウティング」してはならない、ということです。それが許されるのは、その人がセクシュアル・アイデンティティやジェンダー・アイデンティティを知られても問題ないと考えていて、あなたがそれを確信している場合だけです。例えば、私がトランス男性の友人について、彼が直接知らない人に話す場合を考えてみます。この時、彼がトランスジェンダーだという事実に、私はふれるべきではありません。それを話すことは適切ではないし、彼のプライバシーに対して失礼にあたります。その人自身がトランス男性というアイデンティティをとてもオープンにしていて、そのことを話してもいいとはっきり表明した場合に限っては、もちろん違う話です。

大まかなやり方としては、その人がはっきりと「話してもオーケー」と言ったかどうか。もしそう言ったなら、この話題にふれても大丈夫です。でも、会話の中でこの話を出すのが本当に適切なことか、敬意をもって伝えているかどうか、よく考えた方がいいでしょう。一方で、その人の意思を確認したことがないのなら、気にしない人だと思っても常にダブルチェックしてください。トランスジェンダーであることをほかの人に話してもいいかどうか、尋ねましょう。もし躊躇（ちゅうちょ）しているように見えたら、そうしてほしくないというサインだと考えるべきです。

状況としては、その人はあなたを信じて、その人の大切な一部分をあなたに打ち明けたわけです。それは、社会にいつも受け容れられるとは限らないことであり、その人に問題を引き起こすかもしれないことです。ですから同意なしにアウティングされることは、信頼への裏切りと感じられるかもしれません。同意のない「アウティング」は、その人の立場を変えてしまうかもしれないし、その人が差別や迷惑行為（ハラスメント）にあうことになるかもしれません。もし誰かがあなたにカミングアウトしたら、それは相手とあなたのあいだに信頼がある証（あかし）だと捉えてください。そして、その信頼を守ってください。もちろん、私のようにLGBT+コミュニティの一部であることを公表していて、面識のない人に知られることを気にしない人もいます。でも、その人の気持ちが定かでないなら、常に慎重であってほしいと思います。

多様なアイデンティティを少しずつ広めていく

カミングアウトすることで気まずくなったり、人によっては危険にさらされることもあります。でも、誰かがアイデンティティをオープンにすれば、誰かがアイデンティティを隠さずにいれば、そのたびに、そのアイデンティティは少しずつ「普通(ノーマル)」になります。少しずつ受け容れられ、議論を呼ぶことではなくなっていくのです。様々なセクシュアル・アイデンティティとジェンダー・アイデンティティの存在を社会に示し、それぞれのアイデンティティの意味を広めていく。それは、プライド運動(ムーブメント)やプライド・パレードが果たしている重要な役割です。ジェンダーフルイドの人がカミングアウトするたびに、自分もカミングアウトしようと勇気や励ましをもらうジェンダーフルイドの人がいるでしょう。カミングアウトしたくないと思っている人や、カミングアウトできない状況にある人も、誰かがカミングアウトすることで元気づけられることでしょう。自分は変わっているという感覚や、疎外感も薄れるのではないでしょうか。

この本でインタビューに応じてくださったトーマスは、こう言っていました。子どもの頃、自分は女性ではなく男性に惹かれる世界でたった一人の男の子なのだと思っていた、と。なぜなら彼は、若い男の子につけこむ邪(よこしま)な年輩男性しか知らなかった(聞いたことがなかった)からです。その思いは若きトーマスに影響を与えました。もちろん、その感情をもっているのは彼だけではなかったのに。

もしも、あなたみたいな人が否定的に描かれていたら。あなたみたいな人がどこにも見当たらなかったら。あなたは自分に間違ったところがあるのではないかと思い、孤独になるでしょう。恥ずかしいという気持ちにもつながります。このことは、ＬＧＢＴ＋コミュニティのメンタルヘルスが損なわれる一番の原因でもあるのです。現代のスウェーデンは以前に比べてずっとオープンですし、まったく同じことが起こるリスクはとても低いように思えます。それでも当時を生きた人々は、いまだに自分のアイデンティティで苦しんでいます。レンボーゲンのようなＬＧＢＴのための高齢者住宅がとても重要な背景には、そうした理由があるのです。

つまり、「カミングアウト」というコンセプトは難しいものですが、とても重要である、ということです。ＬＧＢＴ＋コミュニティの全員が対処しなければならないことであり、同時に、社会におけるＬＧＢＴ＋運動(ムーブメント)を確実に発展させるものです。今日、私や、私のような多くの人々がオープンに、そして心安らかに暮らすことができるのは、公言するのがまだ危険だった時代、社会から追放されるかもしれなかった時代に、カミングアウトしてくれた人々のおかげなのです。

LGBT+の素顔

オットー「新しいことに向き合う時は、オープンで前向きでいてほしい」

オットーは二三歳の同性愛者（ホモセクシュアル）の男性で、（前のインタビューで登場した）ボーイフレンドのチャーリーと暮らしています。オットーは看護師になるべく勉強していて、音楽に情熱を燃やしています。様々なことに興味をもち、とても積極的な人生を送っています。

ペルーで生まれて、家族と一一年、スウェーデンに暮らしてる。趣味は音楽で、もう夢中なんだ。世話好きで、人に何かしてあげることが好きだから、今、看護師の勉強をしてるよ。家族は両親と妹が二人。聞いたことないけど、たぶんみんなストレート。どっちでもいいけどね。

（ボーイフレンドのチャーリーについて）わたしたちがうまくいってるのはお互い、すごくリラックスできるってことが大きいと思う。オープンになれるし、ほんとにありのままでいられるんだ。「完璧なボーイフレンド」になるためにがんばらなくていいし、欠点も、時々ちょっと変わってることもお互いよく知ってる。でも、それでいいんだ。それに、お互いの強みにも感謝してる。チャーリーと一緒じゃない未来なんて全然想像できないな。パートナーがいること自体はそんなに大事じゃなくて、彼だからとても大事なんだ。

わたしたちには、ストレートのカップルみたいな決まった「役割」がない。それってストレートのカップルとゲイのカップルで、一つ違うことだと思う。わたしとチャーリーはどんなことでも、チームで取り組むんだ。もちろん、どっちかが男らしかったり女らしかったりするカップルもいる。そういう意味では、ストレートのカップルと同じ「パターン」のゲイ・カップルもいるってことだね。ストレートのカップルの関係を「模倣」しようとがんばってるのかも。でも、わたしはそんな感じじゃないんだよね。

ゲイ・コミュニティの中では、ゲイ男性はこんな服を着て、こんな行動をすべきだって期待をすごく感じるよ。ゲイ・コミュニティはたいてい普通に見られたがってるし、できるだけ社会のみんなと同じように思われたい。大きな違いがあるように思われたくないんだ。それで厳密なゲイ像をもってしまってるんだと思う。たぶん、ほとんど無意識にね。

ペルーからおばさんが訪ねてきて、チャーリーと初めて会った時の話。おばさんはLGBT+の人に慣れてないんだけど、男のパートナーと住んでるって聞いて、すごいでかくて男っぽい、筋肉質の人を想像してたみたいなんだ。おばさんはどう接したらいいかわかんなくて、すごく心配してた。でもチャーリーに会ったら、あら、かわいらしい、って感じで。それでいいんだ。

ペルーじゃ同性愛（ホモセクシュアル）についてオープンに話す人なんてほとんどいない。ふつう異性愛者（ヘテロセクシュアル）だと思われる。子どもの頃、母さんはわたしに女の子を紹介しようとしてた。なんにも言わないようにしてたけど、いつも居心地よくなかったね。もう一一年、ペルーに足を踏み入れてないけど、メディアで見ると前よりはずっとオープンになってきてる。差別はまだたくさんあるけどね。でも、少なくとも、前よりよくなってる。

家族にカミングアウトしたのは高校二年の時。交換留学に行く二週間前だった。イタリアに四カ月行くことになってたんだ。カミングアウトしてからの二週間は、ほんとにきつかった。みんなすごく動揺してて、妹はなんでか、裏切られたって思ったみたいで。家族に聞かれたよ。なんでわたしたちにこんな仕打ちをするの？って。

でも交換留学から帰ってきた時、母さんは考えてくれてて、あなたの性的指向はまったく気にしない、って言ったんだ。……ただ、父さんと話さない限りって。父さんはけっこう深刻に捉えていたからね。だから父さんがいる時は、デートなんかの話はできなかった。

でもそれから、父さんはすごく変わったんだ。チャーリーも父さんに会ったくらい。まだかなり落ち着かないみたいだけど、父さんは努力してるんだ。チャーリーにすごくよくしてくれて、ありがたいと思ってる。両親には絶対プレッシャーをかけたくないんだ。親にとって大きな挑戦だってわかってるから。でもペルーの親戚は、また違う話。やたらうわさしてるんだ。わたしが男と住んでるってうわさをいとこがしようとした時、おばさんはすごく怒って、わたしを守ってくれた。親戚たちが変化を受け容れるのはとても大変だってのは、わかるけどね。

　カミングアウトする前は、父さんと完全に関係がきれてしまうのを心配してた。だから、思ったほど拒絶されなくてよかった。父さんにはまだ完全にオープンになれないけど、共通の話題を探すようにしてる。さっきも言ったけど、父さんにプレッシャーをかけたくないんだ。年もとってるし、新しいことを受け容れるのは大変だって知ってるしね。でも、父さんがわたしのために努力してくれることは、ありがたいと思ってるよ。

　スウェーデンでLGBT＋として生きていて思うのは、自分で違うって言わないと、ストレートだとまだ思われちゃう。そこがもうちょっと進んでほしいことかな。例えば病院で、病気だったり怪我をしたパートナーに付き添っていくと、「友達は外でお待ちくださ い」って言われちゃう。カップルだったら一緒に入れるのに。そういうことも、病院がいつも改善しようとしてるのは、知ってるんだけどね。

　スウェーデンの、わたしが育った小さな町に、あるお祭りがあるんだ。ある年、それをプライド・フェスティバルにしようって話になったら、スポンサーがみんな降りちゃった。それから、その町でプライドはやっていない。小さなコミュニティの人は知識が少ないだけなんだと思う。都会に住んでる人みたいに、セクシュアル・マイノリティやジェンダー・マイノリティに会うことがないからね。それでマイノリティは大きな都市に引っ越しちゃって、地方の状況は簡単には変わらないんだ。

　自分のセクシュアリティをオープンにできてなかったら、本当に気持ちが沈んでいたと思う。本当の自分を誰にも受け容れられないってことだから、自殺してたかも。そんな自由のない社会に生きているとして、そもそも生きていく意味があるのかな？

ＬＧＢＴ＋コミュニティに属さない人に伝えたいのは、新しいことに向き合う時は、オープンで、前向きでいてほしい、ということ。恐怖にとらわれてしまったら絶対、前に進めない。最初は警戒した人だって、新しい親友になるかもしれない。きみ次第でね。

LGBT＋の素顔

レーナ「あなたの子どもは今までと同じ子どもで、今までと同じ人間」

レーナは四六歳のストレートのシス女性で、同性愛者（ホモセクシュアル）の息子がいます。息子のカミングアウトを受けたレーナと父親は、LGBT＋の子どもの親や、当事者の子どもたちをサポートするプラウド・ペアレンツという団体に参加しました。レーナは現在も、グループ内でとてもアクティブに活動しています。

わたしの名前はレーナ、四六歳です。息子が三人います。わたしは理学療法士として働いています。もうすぐ二三になる長男が同性愛者（ホモセクシュアル）だとカミングアウトしたのは、彼が一六歳になる直前でした。それまで、わたしたちはまったく気づきませんでした。彼がカミングアウトした時、わたしと彼の父親は、このような経験をもつ誰かと話したいと思い、決心しました。LGBT＋の親戚はいましたが、自分の子どもがLGBT＋だという人は知りませんでした。わたしたちは、どうしたらいいか知りたい、と強く思っていました。そこで、わたしたちはプラウド・ペアレンツ〈「誇りをもつ親たち」の意〉というグループに連絡を取り、そこから派遣されたカップルとカフェで会いました。とてもくつろぎながら話すことができました。彼らの子どもがカミングアウトしたのは一〇年ほど前のことで、その後どうなったのか、親として何を感じたのかを聞きながら、自分たちの経験と比べました。いろんな考えや感情をたくさん抱えていて、わたしたちの状況とすごく似ていました。わたしたちは家族みんなにとって、すべてをできる限りよい状況にしたい、それだけを思っていました。

そうしてわたしは、プラウド・ペアレンツで積極的に活動するようになりました。プラウド・ペアレンツは、様々なプロジェクトごとに小さなチームに分かれて活動しています。毎年行われるプライドのイベントはもちろん、プラウド・ペアレンツのプロジェクトの一つです。パレードもありますし、プライド・パーク（ステージや出店のある広場）にはわたしたちもブースを出します。毎年秋にはスタディサークルも主催していて、いつも満席になるんですよ。それ以外にも、メンバーと一緒にレクチャーやミーティングを開催しています。また、LGBT＋の子どもの親が来て、話ができるセッションをひんぱんに開いています。子どもにカミングアウトされた直後は、誰かと話したいと思うものです。その期間はたいてい時間とともに過ぎ去りますが、わたしたちはその間、サポートをしようとしています。

もう一つ、わたしたちが取り組んでいることは、アクティビストとして幅広い議論や討論の一翼を担うことで、私たちの存在を可視化することです。ただ存在を示すこと、これはもっとも大事なことの一つだと思っています。プライド・パレードに参加して、ただそこにいること。わたしたちは多くの活動をしていますが、「ただ存在していること」も重要な仕事なのです。もしわたしたちが存在しなくなったら、それは後退だと思います。もちろん、わたしたちの長期的な目標は、このグループがいずれ必要なくなること。でも、今はまだ必要とされているのです。

最近、トランスジェンダーの子どもの親からたくさん連絡をもらいます。でも今彼らは、トランスジェンダーやジェンダー規範に合致しない（ジェンダー・ノンコンフォーミング）人の子どもの親に特化したグループを探そうとしています。トランスジェンダーの子どもたちは、ホルモン治療や手術などの性別適合治療を受けたいのか、治療を受けることでどうなるのか、そのプロセスはどんなものか、といった現実的な課題を考えなければならないからです。このグループは急速に成長しています。そうしたケースは、感情の問題だけですむものではありません。親にとってはちょっと難しいことかもしれない、と思います。

連絡をくれる子どもたちにはだいたい、まずこう伝えます。「親に拒否されたら一番つらいから、親には最後にカミングアウトする子が多いのよ。カミングアウトする時、あなたはもう自分のアイデンティティを受け容れてるけど、親にとっては初めて直面すること。あなた自身にアイデンティティを受け容れていくプロセスがあったように、親にとってもプロセスが必要なのよ」って。

とにかく心配だけが、親が乗り越えなければならない一番の問題です。親は、子どもが困難に直面するのでは、ほかの人より厳しい人生になるのでは、と心配します。子どもが暴力にあうのを恐れる気持ちもあるかもしれません。特にトランス女性は弱い立場にあり、嫌がらせや暴力にあいやすいという統計がありますから――ええ、それは一番大きな問題でしょう。でも、親が乗り越えなければならないことは、ほかにもたくさんあります。未来が、自分の思い描いた通りにならないと気づいた時、人はどうにもならない悲しみにおそわれるものです。子どもの将来像を決めている人もいますし、将来の家族像に期待をもつ人は多いものです。そういう意味では、わたしは多くの期待をもっていませんでした。でも、子どものカミングアウトを受けた親の多くは、孫をもつことはできないのか、もてるとしてもどうやって？……と考えはじめるのです。

トランスジェンダーの子どもの親にとって、「デッド・ネーム」[★2]（トランスジェンダーの人が使わなくなった元の名前。章末の原注参照）のコンセプトは、本当につらいものです。娘がジェンダー移行（トランジション）して息子になると、娘を失ったような悲しみにおそわれることもあります。息子にカミングアウトされて、怒り出してしまう父親もいます。突然、自分とは違う存在になってしまうからです。育て方を間違えたのかと恥ずかしく思ったり、罪の意識を感じる親もいます。そのような感情はどれもＬＧＢＴ＋の子どもの親が乗り越え、克服しなければならないものです。そうしたことに対して、わたしたちはサポートをしています。

同性愛嫌悪(ホモフォビア)や知識不足から来る感情は時に理不尽なものですが、無視できるものではありません。解決されるべきものなのです。親が知っておくべきなのは、そうした感情をもってもいい、恥ずかしくても口に出していいということ。受け容れるためには、自分の感情をそのまま感じる必要があります。そうしなければ、成長もできません。

プライド・パークでブースを立てていると、LGBT+の子どもたちがたくさんやってきます。多くの子たちは親にカミングアウトした時、ただ「ああ、そう」と言われただけでした。でもその答えは、表面上受け容れているとしか子どもたちには感じられません。親はただ忘れたいだけ、結局は認められない、と。自分のことを気にかけてくれていない、と感じるのでしょう。

今、息子にはボーイフレンドがいます。わたしたちは、他の息子のガールフレンドと同じように、二人の関係を大切にしています。わたしたちの会話は以前に比べてそんなに変わっていないと思いますが、特に息子と父親のあいだでは、絆がより強くなったと感じています。前は、二人はよく対立していましたが、今はずっと穏やかな関係です。夫もそう言っています。息子はもう、父親とはまったく違う道をしっかり見つけたので、父親の役目を果たすというプレッシャーから解放されたのです。

息子がカミングアウトする前に、わたしたちの方から息子に尋ねていたら、こんなによいかたちにはなっていなかったでしょう。人は準備ができた時にカミングアウトするのですから、そのタイミングは尊重しなければなりません。ＬＧＢＴ＋の子どもの親として一番大事なことは、受け容れることだと思います。あなたの子どもは、今までと同じ子どもで、今までと同じ人間。それを覚えておいて、子どもにもそう伝えることです。何も変わっていないし、それはあなたのほんの一部分。その言葉を親の口から聞くのも、大事なことだと思います。親が子どものことを知らなかっただけで、子どもが変わったわけではありません。

わたしたちがプライド・パークで立っていると、いつも誰かがやってきます。自分の親は受け容れてくれないし、誇りにも思ってくれないけど、そこにいてくれてありがとう、とわたしたちに感謝するのです。そんな若者たちから――特に、小さな町に住む子や、文化の違う家族の子どもたちから――は、悲しい話をたくさん聞きます。自分の親でなくてもいいから、受け容れてくれる親に抱きしめてほしい、と言ってくる子もいます。

わたしは息子のために活動を始めましたが、今は、誰かを必要としている子どもたちのために活動しています。わたしがこうしてかかわることを、息子はどう思っているか定期的に確認していますが、息子は大丈夫だと言います。自分のためでない闘いを始めることの方が、容易なことが多いものです。息子の方は、ほかのことに情熱をかたむけています。彼はわたしの活動にとても理解がありますが、何かを公開する前には必ず彼に確認します。わたしがプラウド・ペアレンツの一員であることは、それだけで彼のアイデンティティを「アウティング」することになるからです。彼はすでに「カミングアウト」していますが、それでも確認することが大事です。

プライド・パークで広いスペースをとり、当事者の人を脇に追いやることは望みません し、わたしたちの長期的なゴールは、いずれ必要とされなくなることです。でも毎年プライドに参加すると、わたしたちはまだ、とても必要とされているという事実に気づきます。親はまず、子どもに愛情をかけることを覚えておかなければなりません。

原注

★1 スウェーデン若者市民社会庁（Swedish Agency for Youth and Civil Society）のウェブサイトより。＊

★2 デッド・ネーム　トランスジェンダーの人の元の名前で、カミングアウトしたりジェンダー移行したりする際に使われなくなったもの。現在のその人には属さないため、「デッド・ネーム（葬られた名前の意）」と言われる。使用することで情動不安を引き起こすこともある。

第8章
ＬＧＢＴ＋と家族のかたち

ＬＧＢＴ＋が育ってきた家族

ＬＧＢＴ＋ゆえの複雑な事情

たいていの人にとって、人生でもっとも大事なことの一つは家族です。それはＬＧＢＴ＋の人々にとっても変わりません。しかし、標準的なシスの異性愛者（ヘテロセクシュアル）と比べて、ＬＧＢＴ＋の人々は家族のもとで育つことも、大人になって自分の家族をもつことも、少し複雑です。

現在のスウェーデンの法律では、同性愛者（ホモセクシュアル）の両親が養子縁組したり、生物学的な子どもをもつことが容易になっていますが、これはかなり最近の状況です。二〇〇三年の二月以降、事実婚もしくは結婚した同性カップルは、異性同士の結婚したカップルと同じように養子を迎えることができるようになりました（同性の結婚は二〇〇九年から可能になっています）。同様に、独身のＬＧＢＴ＋の人も養子を迎える権利があります。ただ、同性カップルは、同性による養子縁組が許可されていない国からは、養子を迎えることができません。つまり、子どもの出身国の法律が、子どもを養子縁組できる人を決めています。多くの国はまだ同性による養子縁組を認めておらず、同性カップルが養子縁組できる出身国の子どもは限られています。そのため同性カップルは、スウェーデンで養子縁組の権利をもっていながら、実際に養子を迎える際には、異性カップルより時間がかかることがあるのです。

　ＬＧＢＴ＋の人間として自分の家族をもつ、という話をする前に、ＬＧＢＴ＋の人が育ってきた家族についてお話ししたいと思います。ここまでのインタビューでリアルな様子を見ていただいたように、ＬＧＢＴ＋の人々と家族との関係は複雑になることがあります。もちろん、シスの異性愛（ヘテロセクシュアル）の人々の中にも、家族とうまくいっていない人はいるでしょう。両者の違いは、セクシュアル・マイノリティまたはジェンダー・マイノリティの人にとっては、そのマイノリティに属することが、関係を複雑にするということです。

　多くの人々はいまだに、トランスジェンダーや同性愛（ホモセクシュアル）に強く反対していたり、バイセクシュアルやジェンダーフルイドは「本当（リアル）」のアイデンティティではないと考えています。そのため、このようなアイデンティティをもつ子どもは、ただありのままの自分でいるだけで、自分の両親から勘当されたり冷笑されたりする可能性があるのです。両親や親戚にアイデンティティを公表していない場合、子どもは「見つかる」ことを恐れながら、暮らしているかもしれません。この場合、自分のアイデンティティを隠してオープンにしないことは、生きのびるための戦略なのです。
あからさまな同性愛嫌悪（ホモフォビア）やトランス嫌悪（フォビア）ではない、LGBT+コミュニティのアライ（LGBT+を理解し支援する人）だと自ら主張する親でさえ、落胆することがあります。例えば孫のことや結婚のことで、子どもの将来が自分の想像とは違ってしまう、とがっかりするのです。でも、この問題については、LGBT+の家族に関する権利が向上するに伴って、改善しています。それは言うまでもなく、現代のスウェーデンでは、LGBT+の人も両親と子どもという「伝統的な」家族をもち、結婚することが、どんどん可能になってきたからです。

社会規範と密接にかかわる親の期待

ただ、これは難しいことでもあります。LGBT+の人に限らず、すべての人が伝統的な核家族をもちたいわけではありません。ところがLGBT+の人の場合、規範的な家族像からはずれることが個人的価値観やライフスタイルの好みとしてではなく、セクシュアル・アイデンティティやジェンダー・アイデンティティと紐づけて非難されてしまうことがあるのです。つまり、LGBT+の人々と家族の問題の多くは、親の期待に応えられないことから引き起こされる、と結論づけられるでしょう。親の期待は、家族や人生がどうあるべきかという社会的な規範（ノーム）に結びついていることが多いからです。

一方で、家族が同性愛嫌悪（ホモフォビア）やトランス嫌悪（フォビア）で、子どもを家から追い出したり、転向療法や暴力的な方法で「治そう」とするケースももちろんあります。転向療法は国際連合から非難されていますが、残念なことにスウェーデンではまだ行われています。正当な療法ではないのに、反LGBT+団体や保守的な宗教グループでよく行われているのです。こうした「療法（セラピー）」を強制するのは違法ですが、反LGBT+の家庭やコミュニティで育った子どもたちは、自らこの治療を受けることが多いという現実があります。同性愛嫌悪（ホモフォビア）やトランス嫌悪（フォビア）を内在化しているために、自分のアイデンティティを嫌悪し、恥ずかしいと思っているからです。でも転向療法は、ただ残酷で差別的なだけでなく、効果もありません。「治った」として「伝統的な」生活を始めた人の多くは、人生の後半で改めてカミングアウトし、転向療法に反対し、その効果について反論しています。

　LGBT+の人々の家族関係が複雑で、理想的とは言えないことは珍しくありません。でも全員がそうではないことも、留意しておくべきでしょう。スウェーデンでは特に最近、子どものセクシュアル・アイデンティティやジェンダー・アイデンティティを懸念しない、協力的な家族が多くいます。私自身を例にあげると、私がバイセクシュアルであることは、家族との関係にまったく影響を与えていないと思います。私の知り合いのLGBT+コミュニティのメンバーも同様で、つまり、すべてのLGBT+が育った家族にトラウマ体験をもっているわけではありません。しかし、セクシュアル・マイノリティ、ジェンダー・マイノリティであることで、家族との関係に問題を抱える人もたくさんいるということも、覚えておくことが重要です。

現代スウェーデンのレインボーファミリー

前進してきた家族の権利

ここからは、自分自身の家族をもつことについて、お話ししましょう。この本の歴史の章（第3章）で見たように、スウェーデンにおけるLGBT＋の人々の家族に関する権利は、この二〜三〇年で大きく進歩し、多くの変化が起こりました。一九九五年には、同性カップルが「パートナー」として登録できるようになりましたが、これは特に同性カップルのための民事婚（行政機関で承認される結婚。宗教儀式として行われる結婚は宗教婚と言う）という位置づけでした。パートナー登録すれば、結婚したカップルと同等の利益と権利を得られるようになったのです。しかし当時は、同性カップルが実際に結婚したり、宗教的な儀式を挙げることはできませんでした。

二〇〇三年には、同性カップルが養子縁組できるようになりましたが、権利を行使できるのはパートナー登録した人々――家族法でカップルとされる人々――だけでした。その後、独身のLGBT＋の人々も、他国の法律に制約は受けるものの、独身の親として養子縁組することができるようになりました。二〇〇九年、法律がまた改正され、同性カップルは異性カップルとまったく同様に結婚できるようになりました。この改正後、それまでのパートナー登録制度が結婚にとって代わられ、パートナー登録はできなくなりました。でも、すでに登録していたパートナーの地位については変更がないため、今もスウェーデンにはパートナー登録している人々がいます。パートナーから結婚に立場を変更することは、任意となっています。

スウェーデンの結婚やパートナーシップを語る時、サンボというコンセプトと、サンボの意味するところを知っておくのも重要です。

サンボとは、同棲し、真剣に付き合っている大人たちのことです。制度もあり、サンボとして登録していると、関係が終わって同棲を解消することになった時に一定の権利を得られます。例えば財産分与の際、お互いに一定の権利が発生します。サンボのパートナーシップ関係は恋愛関係である必要はなく、近しい友人の間でも認められます。サンボの立場には結婚と同等の保障があるので、多くのスウェーデン人はまったく結婚することなく、サンボとしてパートナーや、時に子どもも一緒に暮らしています。

だからと言って、お互いの関係がずっと続くものではないとか、いつでも別れていいものと考えているわけではありません。むしろスウェーデン社会では、結婚という手段が社会的にも経済的にも、以前ほど重要ではなくなっている、ということなのです。これはもちろん、スウェーデンがとても世俗的な国で、信仰の教えに従う人がわずかしかいないこととも関係しています。私たちの知る限り、スウェーデンにおける結婚はキリスト教と強く結びついており、宗教的でない多くの人々は結婚を必要としていないのです。それでも、結婚の平等は今でも重要です。それが平等な権利の証(あかし)だからです。もしLGBT+が特定の宗教婚から除外されるなら、それは差別であり、差別と認識されなくてはなりません。

様々なレインボーファミリー

愛のある家族と幸せな子ども時代の記憶があるかどうかにかかわらず、多くの人は年を重ねると自分自身の家族をもちたくなります。スウェーデンのもっとも規範的な家族構成は、結婚した父母とおそらく二人の子どもですが、それがすべての家族像ではありません。LGBT＋コミュニティに限らず、もちろん例外があります。このような核家族が規範（ノーム）とされ、多くの人が期待するものだとしても、みんながこのような家族をもつわけではまったくありません。

まず、独身の親や、共同親権をもつ離婚した両親は多くいます。子どもが少ない家族も多い家族もいれば、少し複雑なかたちとしては、二つの家族が分かれて、新しい家族と合流した家族もあります。両親ではなく親戚と暮らしている子どもたちもいるでしょう。コレクティブハウス（独立した居住スペースの他に、居間や台所などの共有スペースがある集合住宅）に暮らし、他人や、血のつながりがない家族と住空間を共有する家族もいるでしょう。それからもちろん、養子を迎えている家族もいます。これらはすべて、異性愛者（ヘテロセクシュアル）やシスジェンダーの人々の例です。恋愛関係にある三人以上の大人が共に、子どもを育てている家族もあるかもしれません。ここにLGBT＋コミュニティのメンバーを加えれば、より多様性に富む家族構成になります。

最近、規範（ノーム）と異なる家族構成は「レインボーファミリー」と呼ばれるようになりました。プライドの旗で使われている虹（レインボー）に由来する言葉です。中には、「両親二人と数人の子どもの核家族」という規範（ノーム）に近い家族構成を好むLGBT＋の人もいます。子どもはいらないという人もいれば、たくさん欲しいという人もいます。シスジェンダーで異性愛者（ヘテロセクシュアル）の人々が様々な家族のかたちを求め、必要としているのと同じです。あるゲイ男性が伝統的な核家族を求めたからといって、ほかのゲイ男性もみなそうではないのです。

子どもをもつ権利～法律

子どもをもちたいと決めたLGBT＋の人々は、難題に直面します。LGBT＋コミュニティの外よりも、難題にぶつかりやすいのです。多くの人にとっての難題の一つは、実際に、どうやって子どもをもてるか、ということです。これは、多くのシスジェンダーの異性愛（ヘテロセクシュアル）カップルは（全員ではありませんが）直面しないことです。シス女性同士は、お互いを妊娠させることができません。シス男性同士も同じです。トランス男性とシス男性、もしくはトランス女性とシス女性は自然に妊娠できるかもしれませんが、スウェーデンでは二〇一三年まで、性別適合手術やジェンダー移行（トランジション）を望むトランスジェンダーの人は、全員が強制不妊手術を受けなければなりませんでした。★1 ジェンダー移行（トランジション）の前に卵子や精子を取っておくことも許されなかったのです。この法律は国際連合やほかの国際機関から非難されていましたが、それでも廃止されたのは数年前です。つまり、今もスウェーデンには、強制不妊手術を受け、そのために実子をもつことができない、ジェンダー移行（トランジション）した人々が数多くいるということです。

多くのLGBT＋カップルは、医療介入なしに妊娠することができません。ですから、LGBT＋の人々が様々な方法で子どもをもてるようになる法律は、LGBT＋コミュニティの権利にとって不可欠です。多くの国では同性婚すら許されていませんが、スウェーデンでは同性カップルは養子縁組ができますし、人工授精を受ける権利ももっています。でも、セクシュアル・マイノリティやジェンダー・マイノリティが子どもをもつ権利を守る法律は、ＬＧＢＴ＋として家族を始めるという現実の一部にすぎません。もちろん法律は絶対不可欠ですし、その重要性はいくら強調してもしきれません。しかし社会的な規範（ノーム）や期待はＬＧＢＴ＋の家族にとって、法律と同じくらい大きな役割を果たしています。

なお、法的権利がなかった時代、ＬＧＢＴ＋の人は完全に子どもをもてなかったわけではなく、子どもをもつのが難しく複雑だった、ということにも注目すべきです。法律によって同性カップルが子どもをもてるようになる前から、ＬＧＢＴ＋の人々は困難を乗り越える方法を見つけていました。レズビアンの女性たちとゲイの男性たちで共に家族を始めることもありました。そして例えば、男女で結婚してプラトニックなパートナー、共同育児する親として暮らす（レズビアン同士、ゲイ同士がたぶん密かに恋愛関係にある）とか、ほかのパターンの合意もあったでしょう。もしくは、子どもが欲しいゲイ男性が既存の家族に加わり、三人目の親になることもあったでしょう。でももちろん、多くの人が自分の家族をもちたいと強く願い、その思いの強さゆえに、自分のセクシュアル・アイデンティティやジェンダー・アイデンティティを否定して、異性愛者（ヘテロセクシュアル）のシスジェンダーとして生きることを選びました。社会になじむため、多くの場合は家族をもつために、異性の人と結婚したのです。

子どもをもてる環境～社会規範

幸運なことに、もはやスウェーデンでは、当時のようなことをする必要はありません。でも先ほどお伝えしたように、法律が変わればいいという問題ではないのです。社会の風潮や規範（ノーム）という課題は、まだ完全に解決していません。いまだに規範（ノーム）は典型的な異性同士の核家族なので、同性の両親には、まわりに親だと思われないという壁が立ちはだかるかもしれません。例えば、父と母でなく母が二人いるというだけで、子どもによい家族環境ではないと非難されることもあるでしょう。ゲイの男性が子どもと出かけた先で「母親」はどこかと聞かれたり、養子の場合、見た目が似ておらず「本当の」父親ではないと疑われ、詮索（せんさく）されるかもしれません。妊娠中の女性が妻と出かけた先で、父親は誰かと聞かれることもあるでしょう――もう一人の親がすぐそこに立っているのに。

ジェンダーフルイドやA（エイ）ジェンダー（どのジェンダーにもあてはまらないこと）の人が、「母親」ですか、「父親」ですか？と聞かれたら困るでしょう。ジェンダー中立（ニュートラル）的な「親」という選択肢がないのですから。とは言え、スウェーデンの家族に関する法律はジェンダー中立（ニュートラル）的に更新され続けているので、こういったことは理論上は避けられます。更新されている法律の例としては、人工授精の場合、性的指向やジェンダー・アイデンティティにかかわらず、すべてのカップルに同じ権利があります。また一九九五年にスウェーデンは世界で初めて、ジェンダーを特定する「母親休暇」「父親休暇」という名称をジェンダー中立（ニュートラル）的な「親休暇」（育児休暇）に置き換えました。出産時の「一〇日の父親休暇」や「父親の月」（父親に割り当てられる育休期間）などの制限がなくなり、自分たちの望むように休暇を分け合えるようになりました。

子どもたちの課外活動に申し込む時、「両親の名前」ではなく「母親と父親の名前」を聞かれたら、対応に困ります。現代のスウェーデンでは、カップルがカップルと認識されないことは解決されつつありますが、自分は子どもの親だと常に「証明」しなければいけないことは負担が大きく、気持ちも挫（くじ）かれます。ＬＧＢＴ＋でない親も似たような経験をするかもしれません。でもＬＧＢＴ＋の親の方が、このような経験をする可能性が高いのです。

同性の親が置かれる状況でもう一つ重要なのは、性的指向にもとづく家族をもったがゆえ、自分の性的指向を隠しておけなくなる、ということです。子どもに対する責任もあるので、自分とパートナーが両親であることを否定できなくなるのです。公の場で隠す必要がある場合は、一方の親が例えば親戚か友達のふりをすれば済むかもしれません。けれども学校や課外活動、もしくは第三者に親の情報を提出しなければならない場面では、もっと難しいことになります。また、子どもがレインボーファミリーの一員であるために、いじめられたりからかわれたりしないかと心配する親もいるかもしれません。それでも、規範（ノーム）からはずれる家族が増えるにつれて、伝統的でない家族の子どもたちが、からかいの対象になることは減っていくことでしょう。

この章でお伝えしたかったのは、家族構成が違っても、法律の問題があっても、差別の心配があっても、レインボーファミリーはほかの家族とそんなに大きく変わらない、ということです。ＬＧＢＴ＋の親も、ほかの親と同じように努力しています。どうしたら最良の方法で子育てできるのか、どうしたらできる限りのサポートができるのか、自分を信じてがんばれるよう励ますには、どうしたらよいのか。彼らはほかの親たちとまったく同じように、家族を愛し、家族を心配しています。家族構成がどうであっても、社会的にどう扱われようとも――それでも彼らは家族です。どんなかたちに見えようとも、家族の意味は変わらないのです。

イルヴァ「わたしたちはストレートのカップルみたい」

LGBT+の素顔

イルヴァは四〇歳のバイセクシュアルの女性です。イルヴァと妻は一七年前に一目で恋に落ち、現在は共に二人の子どもを育てています。イルヴァは医療会社で、プロジェクトリーダーとして働いています。イルヴァの子どもたちは、母親をこう表現します。「ふだんはあまり厳しくない。パーティーが好きで、素敵なパーティーを開く。優しくて、機械に強くて（特にテレビを直すこと！）、時々ちょっと不器用なところもある」

今わたしたちは、町の中心地から車で一〇分ほどのところに住んでいます。でも建物同士がとても近くて、時々少し疲れてしまうんです。数年前、週末や夏を過ごせる小さなコテージを田舎に購入しました。田舎では家族みんなでいられる時間も増えますし、家族の時間を味わえるので、わたしたちに合っていると思ったのです。実は、町から少し離れた場所に家を買ったばかりで、もうすぐそこに引っ越します。今より静かで自然もあって、近所の人も少ない暮らしができたらと思っています。兄も同じ地域に住んでいるので、子どもたち（八歳と一〇歳）はいとこともっと遊べるようになります。わたしの両親も子どもたちに会いやすいよう、それほど遠くないところにアパートを買ったんですよ。

一七年前、妻のカーリンと出会った時は、一目ぼれでした。二人が一緒でない人生なんて、選択肢にはありえませんでした。でも特にカーリンにとって、女性と恋に落ちたことを受け容れるのは、難しいことでした。彼女はそれまで男性と付き合ったことしかなかったんです。わたしは女性とも男性とも付き合ったことがあったので、簡単なことでしたが。だから……愛があってこそ、今のわたしたちがあるんです。正直なところ、特に子どもが赤ちゃんだった頃は、うまくいかない時期もありました。でも互いを求める気持ちが常にあったので、難しい時期も乗り越えました。二人の愛情が、二人の絆を強くしてくれたと思っています。妻はわたしをありのままで受け容れ、わたしの足りないところを補ってくれます。彼女はわたしがもっていないものをたくさんもっています。お互いの違いに不満がたまることも時々ありますが、それはわたしたちの関係を強くもしてくれます。わたしたちはとにかくすばらしいチームなんです。それからもちろん、彼女は世界で一番美しく、魅力的で、愛情あふれる女性なんです！

わたしたちは、ストレートのカップルみたいだねとよく言い合います。もしかしたら、多くのストレートのカップルよりステレオタイプかもしれない。わたしは体力に自信があって、機械や車、建物に興味があるので、よく「男性の」役を担います。一方、妻はガーデニングやインテリアデザイン、買い物が好きで、そういったことを担当します。ストレートのカップルとあんまり変わらないとわたしたちは思っているけど、ほかの人から見たら、そうは思われないかもしれません。

でも、子どもをもつことには、明らかな違いがありました。わたしたちは、自然に「妊娠すること」だけができないのです。男性の友人に頼むことも考えましたが、複雑なことになると思いました。結局、デンマークでオープンドナーの人工授精を受けました。そして、わたしたちは血がつながっていないので、お互いが産んだ子どもをお互いに養子にしました。ストレートのカップルはそんなことをしなくても、人工授精で産んだ子どもを二人の子どもにできます。でも、今は法律が変わったようで、よかったと思います。妻の子どもの親にふさわしいかどうか、誰かに決められるなんておかしいと思いますから。

わたしたちは結婚もできなかったので二〇〇八年に「パートナー登録」をしましたが、その法律も今は変わっていますよね。スウェーデンではなくデンマークで人工授精を受けることに決めたのは、当時スウェーデンではレズビアンのカップルに人工授精の権利があったけれど、その方法で子どもを産めるのはどちらか一人だけだったからです。つまり、最初に妊娠した人しか次も妊娠できない状況でした。幸い、この法律も今は変わっています。

初めて子どもが生まれた時のことを、覚えています。妻が息子を産んだので、もちろんわたしの妊娠姿は誰も見ていません。それに、彼はわたしのＤＮＡをもっていません。そのため、わたしの親は彼を「本当の」孫だと思えるまでに、時間がかかりました。彼はわたしに似ていないし、わたしは彼に授乳していない。そして、彼にはもう一人母親がいるのです。彼の人生でわたしがどんな役まわりになるのか、わたしの親には理解が難しかったようです。親を責めることはできません。でも、時間がすべて解決してくれて、今はとても仲のよい関係です——つまり、彼のＤＮＡは関係ないと思います。でも、息子が小さい時は苦労したものです——なぜって、彼を初めて見た時、私には自分が彼の母親だと感じられたからです。自分で産んだ二人目の子どもにも、同じ感情を抱きました。

　他人の考えにはなるべく影響されないように努めていますが、偏見をもつ人に会ったことはありますよ。特に職場で、ＬＧＢＴ＋フレンドリーでない国から来た同僚から、ですね。そんなに嫌な気持ちになるわけじゃないんです。なぜなら、わたしの生活を知ってもらうチャンス、わたしも同じように普通なんだとわかってもらうチャンスだから。多くの場合、みなさんとても興味をもっているんですよね。

　それでも、怖い思いをしたこともあります。一五年くらい前のことですが、夜遅くにわたしとカーリンは、手をつないでクラブから家に向かって歩いていました。付き合いはじめたばかりの時でした。怖い目つきの若者グループがいました。「このレズビアンが！」などとその中の女性が叫び、彼らは威嚇するように、わたしたちに向かって歩いてきたのです。走って逃げました。彼らがわたしたちをなぐるつもりだったかどうか、わかりません。わたしは笑っていいのか泣いていいのかわかりませんでした。

旅行に行く時は、そこが安全な場所だと感じるまで、愛情表現をオープンにすることは決してありません。子どもたちが一緒の時は、もっと注意します。不要な注目を集めたくないからです。スウェーデンにいてこんなに安全で守られた生活を送っていると、ＬＧＢＴ＋の人々に対する差別はまだたくさんあるということを忘れがちです。現実だと思えないし、考えたくないことです。どうして知りもしない人を、傷つけたいと思うのでしょう？

わたしがどんな人間なのか、知らないのに。自分のセクシュアリティで怖い思いをするのは嫌だから、誰かがわたしを嫌う理由を全部、想像していきます――間違った服を着ているから。正しい信仰をもっているから、あるいはもっていないから。政治的な意見が違うから……こんなふうにどんどん理由を並べてリストを作ると、わたしがゲイであることは、リストの中のたった一項目にすぎない。そう考えると不思議に、少しだけ安心するのです。

わたしと妻は二人とも女性であることで、特に子どもをもつ時など、たいへんなことをいろいろ経験してきました。でも、その原因となったルールや法律は、今のスウェーデンではほとんど変わっています。ＬＧＢＴ＋の課題については、スウェーデンは本当に進んできたと、わたしは思います。

原注

★1　RFSLのウェブサイトを参照。＊

第9章

スウェーデンのLGBT+コミュニティの課題

～移民、スポーツ界、ネオナチ、ジェンダー移行

ここまで、スウェーデンにおけるＬＧＢＴ＋コミュニティの来歴と、セクシュアル・マイノリティ、ジェンダー・マイノリティとして生きる人々の現在（いま）について、お伝えしてきました。またインタビューを通して様々な人生を追体験し、それぞれの苦しみや成功を見てきました。ＬＧＢＴ＋問題においてスウェーデンは世界でもっとも先進的な国で、全体的にはＬＧＢＴ＋フレンドリーな社会です。一方で、まだたくさん課題があります。この章では、今も存在する問題や、変わってほしい、改善してほしいと思われていることについてお話ししたいと思います。

まず、セクシュアル・マイノリティやジェンダー・マイノリティの人々を、コミュニティとして語ってきました。それはある程度正確な表現ですが、コミュニティ内には様々な考え方や価値観をもつ派閥（はばつ）があるのもまた事実です。ＬＧＢＴ＋運動（ムーブメント）にかかわるすべての人が、同じ

ゴールに同意しているわけでも、ゴールまでのプロセスに同意しているわけでもありません。これはもちろん、第5章でお話ししたインターセクショナリティにもかかわることです。すべてのＬＧＢＴ＋の人々が同じ問題を抱えているわけではなく、対立する問題を抱えていることすらあります。ＬＧＢＴ＋の運動（ムーブメント）やコミュニティとは関係のない政治的なことが、個人やグループの信条に影響することもあります。それによって運動のゴールと、ゴールまでの道のりがかたちづくられるのです。スウェーデンのすべての地域が先進的なわけではないことも、考慮する必要があります。保守的で小さな町に暮らすＬＧＢＴ＋の人々は、大都市に住む人々とはまったく違う問題を抱えているでしょう。

ＬＧＢＴ＋の難民問題

スウェーデンの難民政策

今注目されている大きな問題は、スウェーデンの滞在許可を申請するＬＧＢＴ＋の難民への対応です。ここ数年スウェーデンは、政情不安や戦争、迫害による難民を数多く受け容れてきました。最近の難民のほとんどはシリアやアフガニスタン、イラクからやってきていて、その多くは若者です。★1 スウェーデンは人口の少ない国ですが（二〇一九年時点で一〇〇〇万人強）、以前は比較的オープンな移民政策を打ち出していたため、難民申請しようとする人には人気のある国でした。しかし、移民の数が受け容れ可能なレベル、全員を社会に統合できるレベルを超えたため、移民政策は厳しくなりました。移民制度や福祉サービスは限界に達しており、政府はコスト削減や難民申請プロセスの効率化と迅速化に注力しています。しかし、こうした政府の方向転換は難民認定プロセスの質に影響していて、LGBT＋の人々がスウェーデンから追放されてしまう、と特にRFSLから批判されています。LGBT＋の人々は母国で迫害を受ける可能性が高く、殺されてしまうこともありうるのですから。スウェーデンやEU諸国では、母国で迫害を受ける集団に属していれば難民認定される正当な理由になりますが、認定の過程で問題が起きているのです。

LGBT＋の難民が抱える多重リスク

母国でセクシュアリティやジェンダー、ジェンダー・アイデンティティによって迫害される恐れが十分にある人は、スウェーデンに避難する権利があります。しかし、スウェーデン移民庁によるLGBT＋の難民申請対応は不十分だと批判されています。難民認定のためには、まず自分の主張が正しいことを証明しなければなりません――つまり、もしあなたがレズビアンの女性ならば、自分が本当にレズビアンであることを移民庁に対して証明する必要があります。多くの批判が集まっているのはこの点です。セクシュアリティを公にすることができない、抑圧された社会に住む人は、自分がLGBT＋であることをどうしたら「証明」できるというのでしょうか？　難民の多くは若者ですが、特に彼らは一度も交際したことがない可能性もあります。また、自分のセクシュアリティを周りに隠している人も多いため、周りの人が「証明」

できる可能性も低いでしょう。自分がセクシュアル・マイノリティやジェンダー・マイノリティであると「証明」することを求めるのは、地位を下げることであり、屈辱である、と批判されているのです。そんな状況でなくても、性的指向やジェンダー・アイデンティティを証明するのは、難しいことです。証言が「信頼できない」と判断され、難民申請が却下されることもあります。

翻訳プロセスの不備から問題が起こる場合もあります。というのが、難民申請者はスウェーデン語も英語も話せないことがあるため、翻訳者や通訳者が仲介します。この時、翻訳者が申請者と同じ地域の出身だったり、共通の知り合いがいたりすると、申請者は自由に話せないかもしれません。同じ文化（などの）背景をもつ見知らぬ人にセクシュアル・マイノリティやジェンダー・マイノリティであると公表すると、難民申請が退けられた時――退けられなかった時でも――、将来のリスクにつながる可能性があるからです。難民申請が通ったＬＧＢＴ＋の人に支給される住宅も、そこに反ＬＧＢＴ＋の人が住んでいた場合、問題になるかもしれません。これはまた別の大きなリスクです。それが理由で難民申請者がオープンに話せなくなれば、主張が「信頼できる」とみなされて申請が通る可能性も低くなってしまいます。

ＲＦＳＬはこうした難民を助けるために活動していますが、彼らにできることは限られています。助言以上のこと、管轄省庁や政治家と議論する以上のことはできないのです。また、命の危険がある国に誤って送還されるＬＧＢＴ＋の人々もいて、ＲＦＳＬはそうした追放についてもたびたび抗議をしています。この問題に対して取り組みがなされていますが、先ほども述べた通り、効率化のために難民申請者の数を減らすことばかりに注力するプロセスが、批判されています。本来は難民認定プロセスの質がフォーカスされるべきで、申請者に対して公平に、尊敬と理解をもって対応するべきなのです。

最近では、ＬＧＢＴ＋の難民に安全な住宅を提供しようとする取り組みが始まっています。例えば、スタッフにＬＧＢＴ＋の問題について研修をする、ＲＦＳＬのような団体が影響力をもつ大都市にセクシュアル・マイノリティやジェンダー・マイノリティの難民を配置する、といった取り組みを移民庁が行っています。

スポーツとトランスジェンダー問題、ネオナチ問題

競技から排除される人々がいる

次にお伝えしたい課題は、スポーツ界における、特にトランスジェンダーの人々の問題です。スポーツはたいてい、男性リーグと女性リーグに分けられています。これはシスジェンダーの人にはうまくいくことが多いでしょう（ただ例外もあります。シス女性が継続的に競技に参加するため、もともと高かったテストステロン値（いわゆる男性ホルモンの一種）を抑えるよう強制されたケースもあります）。けれども多くのトランスジェンダーの人々にとっては、問題になります。

「完全に」ジェンダー移行（トランジション）したトランス男性やトランス女性は、自分の望むリーグでプレイできるかもしれません。でも、ジェンダー移行（トランジション）中の人やノンバイナリーの人、A（エイ）ジェンダーやジェ

ンダーフルイドの人々は、まったく競技に参加できないかもしれません。子どもや一〇代の人々は、ジェンダー・アイデンティティを理由に地域のチームやプロレベルのプレイヤーの中から排除され、競技を続けられなくなる可能性があるということです。

これは、公式な身分証明書に記載されたジェンダーや法律の問題だけでなく、実際の様々な場面で、トランスジェンダーの人々にどう対応していくかという課題です。脱衣所のこと、医療規制、そして様々な規則（ルール）や規範（ノーム）すべてが、トランスジェンダーのアスリートにとっては難しい問題になります。

トランスジェンダーのアスリートを積極的に取り込むよう措置を講じなければ、彼らを排除しているのと同じことです。スポーツや身体を使うアクティビティは、心の健康にも体の健康にも非常に大切です。トランスジェンダーの人々は、メンタルヘルスの問題やうつの高リスクをもともと抱えていますから、心身の健康につながるスポーツやアクティビティに彼らを参加しやすくすることは、優先事項であるべきです。

すべての人が参加できないのであれば、スポーツ界は、人々の健康の提唱者であるとは言えないでしょう。もちろん一流レベルのスポーツは、スウェーデンだけでなく他国もかかわってくる問題です。一流レベルのスポーツはほぼ国際的なものですから、他国のルールや規制も知っておくことが大事です。多くのお金がからみ賞金も高くなるので、プレイヤーの身体やホルモン・コントロールの規制は、ゲームの公平性を保つために必要となるでしょう。ですが、そのような中でも、トランスジェンダーの人々をどうしたらもっと包括することができるのか、規則（ルール）や規制を精査すべきなのは疑いの余地がありません。

中でも、すでに一流レベルのスポーツにかかわるトランスジェンダーの人々にとって、ジェンダー移行（トランジション）するか、スポーツを強制的にやめるか、どちらかを選ばなければならないことはとても難しい、痛みを伴う選択です。特にジェンダー移行（トランジション）しても、異なるジェンダーのリーグで競技できる可能性が低い場合は、なおさらです。一方で、地方レベルや、特に趣味のスポーツでは国際的なルールは適用されませんし、賞金も一流レベルほど高くありません。ほとんどの子どもや若者が参加するのも、一般の人がメンタルヘルスの恩恵を得るのも、このレベルのスポーツです。ですから、純粋にメンタルヘルスの観点からすると、スポーツに関心のあるトランスジェンダーの人々を包括し、共にプレイできるよう働きかけを始めるべきは、地方レベルや趣味のスポーツだと思います。

ＬＧＢＴ＋に対する脅威～ネオナチの台頭

三つめの課題は、近年、非常に保守的で国家主義的なネオナチが、政治的に影響力を得ていることです。なぜそれがＬＧＢＴ＋コミュニティにとって懸念なのでしょうか？　それは、そうした政治的見解をもつ人々はセクシュアル・マイノリティやジェンダー・マイノリティに批判的で、その権利を制限しようとする傾向にあるからです。

スウェーデンのＬＧＢＴ＋コミュニティにとって最大の脅威と見られているのが、ネオナチの団体ＮＭＲ――北欧抵抗運動[★2]です。ＮＭＲは独立した北欧国家の樹立に向けて活動するネオナチ団体で、革命を通して民主制を廃止しようとしています。彼らは北欧系民族ではない移民を阻止したいと考えており、ナチスと同様、民族的「純化」と他民族を敵とみなすイデオロギーをもちます。さらには、家父長制を非常に重視し、反フェミニストで反ＬＧＢＴ＋の見解ももっています。実際、彼らが運営するメディアの記事の多くはＬＧＢＴ＋コミュニティ（スウェーデン語ではhbtqコミュニティ）のことを、hbtqp（ホモセクシュアル、バイセクシュアル、トランスジェンダー、クィア、あまのじゃく）と呼んでいるのです。彼らのウェブサイト、北欧戦線（ノードフロント）には、セクシュアル・マイノリティやジェンダー・マイノリティに対する敵意に満ちた記事がたくさんあります。

ナチスのイデオロギーは、「正しいあり方は一つであり、従うべき秩序があり、従わない者に情けは無用である」という申し立てに基づいています。実際ＮＭＲは暴力をあおり、暴力犯罪で逮捕されたメンバーをサポートしています。さらに、「革命」のためには流血も辞さないと公言しています。スウェーデンでは、ＮＭＲは団体であり政党です。フィンランドは北欧諸国で唯一、ＮＭＲを無条件に禁止しましたが、団体はその決定に上訴し、判決は保留になっています。

なぜ、ナチスのイデオロギーを公然と支持し、マイノリティへの暴力を奨励する憎悪に満ちた団体が今もスウェーデンに存在し、声高に意見表明するのを許されているのか？　なぜ実際にそういう人が多数いるのか？　そう不思議に思われるかもしれません。確かに、多くの人がそう思っています。ＮＭＲへの懸念を表明している団体の一つは——驚くことではないと思いますが——RFSLです。理由の一つはもちろん、NMRのイデオロギー自体が反LGBT＋であり、NMRがRFSLに反対する活動をしているからです。もう一つは、NMRがほかの人々にも反LGBT＋的な影響を与えるのではないか、という差し迫った懸念があるからです。

失望が広がった日

NMRとRFSLの間の緊張状態と、NMRがいまだに公然と集会を開いてRFSLに抗議できることへの失望は、アルメダーレン週間〔アルメダーレンは開催地である公園の名前〕で明白になりました。これは毎年スウェーデンのゴットランド島で開催されるイベントです。一週間にわたり数々の政治イベントが催される中、政治家や企業、団体、個人が集まって、政治や社会の問題について議論します。メディアの注目も集めるので、政治家や団体にとっては支援を増やし、認知度を高めるために重要なイベントです。

トラブルが発生したのは、二〇一八年のアルメダーレン週間でした。この年、NMRはRFSLのすぐ隣にブースを設置する許可を警察から得たのです。RFSL内には衝撃が走りました。脅威を感じたRFSLの若者たちは、参加メンバーの安全を保障できないと思い、参加をキャンセルすることにしました。NMRには暴力の歴史があり、LGBT＋への反対も激しいものです。多くのRFSLメンバーは、アルメダーレン週間に参加するのはリスクが高すぎると考えました。その年のRFSLのプログラムは大幅に縮小されました。心配しつつRFSLのブースに参加した人もいましたが、途中で帰ってくる人もいました。会期中、NMRは暴力的なヘイトクライムにも関与しました。でも、警察は表現の自由を理由に、ＮＭＲの許可を取り消すことはしませんでした。表現の自由は、ナチスのイデオロギーをもつにもかかわらずＮＭＲが活動を許されている最大の根拠となっています。しかし、アルメダーレン週間に参加していたほかの人々は、ＮＭＲがあからさまにＲＦＳＬを脅し、恐怖を与えていることにショックを受けたようでした。人々はＲＦＳＬの人々を守るため、この週の間に二度、ＮＭＲとＲＦＳＬのブースの間に人間の壁を作りました。

表現の自由はどこまで許されるか

ＮＭＲとナチスのイデオロギーがセクシュアル・マイノリティとジェンダー・マイノリティをここまで敵視するのは、その存在が単に、彼らのイデオロギーが理想とする世界観に適合しないからです。また彼らのイデオロギーによると、適合しない人々は情け容赦なく排除されるべきなのです。ＬＧＢＴ＋の人々がＮＭＲの台頭を恐れるのは当然です。

表現の自由は間違いなく重要であり、それは民主主義の礎です。しかし、それには制限があるべきだ、と多くの人が議論しています。**民主主義そのものを脅かす**グループがマイノリティを実際に脅し、威嚇し、マイノリティが**公の場から身を引いて**口を閉ざさなければならないなんて、本当に許されていいことでしょうか？　ＮＭＲのようなグループが、マイノリティや弱い立場の声をかき消すことになっても、表現の自由は許されるべきでしょうか？

ＲＦＳＬとＮＭＲはどちらも自分たちの主義を主張しているだけで、同じことをしているのだ、という人々もいます。理屈の上では正しいかもしれませんが、私は、両者は同じものではないと考えます。ＲＦＳＬはセクシュアル・マイノリティやジェンダー・マイノリティの権利や平等のために、そしてマイノリティが社会に受け容れられるために、闘っています。一方ＮＭＲは、これらのマイノリティの抹殺を主張し、現実に、彼らへの暴力をあおっています。この二つが、どうして同じだと言えるでしょうか？　一方は平等を求め、もう一方は、マイノリティは消去され、罰さえ受けるべきだ、ただ存在するだけで罰を受けるべきだと求めているのです。この二つは同じことと言えるでしょうか？

私は、表現の自由の重要性を軽視したいわけではありません。表現の自由を犠牲にすることは、決してあってはなりません。あるグループを非合法化することは、いずれほかのグループにも同じ適用が及ぶ危険を伴います。そうだとしても、今の状況はＲＦＳＬだけでなく、多くのマイノリティにとって大きな脅威です。ＮＭＲのようなグループが影響力と発言力を得ているからには、表現の自由に制限を設けることを考えはじめなければならないのです。

ジェンダー移行はどうあるべきか

性別適合手術をめぐる議論

最後に、ＬＧＢＴ＋にまつわるもう一つの課題についてお話しします。これはとりわけ、トランスジェンダーの人々にかかわることです。この一〇年間で、トランスジェンダーに関する課題については大きな進展がありました。中でも強制不妊手術がなくなり、その被害者に賠償請求の選択が与えられたのは、特筆すべきことです。しかし、課題はまだたくさんあります。

トランスジェンダー以外のグループ（特に同性愛者（ホモセクシュアル）の人々）については受容と理解が劇的に進み、性的指向を理由に、差別にあったり敵意を示されたことのない人も出てきています。けれどもトランスジェンダーの人々の状況は、そうではありません。ジェンダーはどう扱われるべきなのか、特にトランスジェンダーの人々の性別適合手術や治療については、様々な議論が続いています。性別適合治療はプロセスが短く簡単すぎると感じる人もいれば、反対に、実際のプロセスは時間がかかってつらいと感じる人もいます。簡単すぎるという人の多くは**当事者ではなく**、トランスジェンダーの人の多くは、プロセスが長すぎて負担が大きいと考えているのは、重要な点です。

法律上の第三の性別をめぐる議論

ここで言及すべき問題はたくさんありますが、まずお伝えしたいのは、公的な第三の性別が存在しない、ということです。スウェーデンでは法律上の性別を男性から女性、女性から男性に変えることは可能ですが、法律上の第三の性別は今のところありません。

これは、自分を女性とも男性とも認識していない多くのノンバイナリーの人々にとって問題です。自分のジェンダー・アイデンティティで生きられない人は、そうでない人よりもメンタルヘルスに不調をきたすことが多いのです。そのため、ノンバイナリーの人に適用されるような第三の性別が法律で認められていないことは、実害があることなのです。

先にも述べましたが、トランスジェンダーの人々はシスジェンダーに比べて自殺リスクが非常に高いことも考えると、この状況はノンバイナリーの人々にとって精神面の健康だけでなく、命が脅(おびや)かされる問題なのです。第三の性別が法制化されてもノンバイナリー以外の人には影響がないにもかかわらず、このアイディアに抵抗する人がたくさんいます。ノンバイナリーの人々は実際、反差別法で保護の対象に含まれていますが、第三の性別は法律上まだ認められていません。ノンバイナリーの人々がスウェーデン社会で直面するすべての問題が、第三の性別の法制化で解決されるわけではないでしょう。しかし法制化は、課題解決の第一歩にはなり得ます。生まれた時点で体の構造が女性にも男性にも当てはまらないインターセックス[★3]の人々にとっても、第三の性別は役立つでしょう。

ＬＧＢＴ＋コミュニティの内外で、第三の性別に反対する様々な議論があります。ＬＧＢＴ＋コミュニティ内では、第三の性別が公に認められて公式にそれを使った場合、トランス嫌悪(フォビア)や差別、暴力にさらされることが懸念されています。ＬＧＢＴ＋コミュニティの外ではキリスト教グループが、第三の性は聖書の教え――神が男女を創造したこと――からはずれるとして反対する傾向にあります。男性でも女性でもないノンバイナリーは正当な性別ではない、というのです。また、ノンバイナリーの人々は混乱しているだけで、男女どちらかのジェンダーを選ぶべきという意見もあります。これは精神面での健康にダメージを与えるものです。ノンバイナリーの当事者自身が築き上げてきたジェンダーやジェンダー・アイデンティティが他人から受け容れられず、否定されることになるからです。ほかにも、ノンバイナリーの人々は自然の摂理に反しているとか、マイノリティの中でも少数派なので気にかける価値もないと考える人もいます。特に一番最後の意見は、問題をはらんでいます。誰に価値があるかを選別する社会になってしまったら、社会のメンバーを気にかけるインクルーシブな社会とは言えないからです。社会から見捨てられている人が、その社会に貢献すべき理由がどこにあるでしょう？

慎重論と当事者の気持ち

法律を変える前に、心理学やジェンダー生理学的研究をまず進めるべき、と考える人もいます。事前に十分な研究が必要であり、慎重になるべきだと言うのです。ジェンダーやジェンダー経験に関する研究は絶対に必要であり、現状は研究不足であることには私も同意見ですし、多くの人も同意するでしょう。でも今現在、ノンバイナリーの人々がいるのです。ジェンダーの意味するところやコンセプトについて、またジェンダー移行（トランジション）が個人や社会に与える影響について、確固たる理解が得られるまで、何十年も待つことはできません。

第三の性別を法制化する前に研究が必要と言う人々と同様に、ヘルスケア専門家や心理学者を含む多くの人が慎重論を唱えています。バイナリー・トランス（トランス男性とトランス女性のこと）の人々への性別適合診断や治療は、時間をかけて慎重に進めるべきだと言うのです。少数ですが、ジェンダー移行（トランジション）を後悔している人もいて、多くの人はこの点を心配しています。慎重論をとなえているからと言って、そのほとんどがトランス嫌悪（フォビア）ではないし、トランスジェンダーの権利向上に反対しているわけでもない、と思います。けれども、快適なペースでジェンダー移行（トランジション）できずに苦しんでいるトランスジェンダーの人々に対して、当事者でない私たちが決断できるまで、待ったをかけるべきではないと思うのです。

多くの人がもつ懸念について、ある程度は私も理解できますが、注力すべきは、トランスジェンダーの人々の生活の質を高めることではないでしょうか。そのためには何よりも、**影響を受ける人々の声に耳を傾けるよう**気を配るべきだと思います。トランスジェンダーであるというコンセプトがわかりにくいのであれば、トランスジェンダーの人々に**関して**話すことではなく、**彼らと**話すことに注力し、理解を深めるべきなのです。

この章で取り上げた四つの問題は、スウェーデンにおけるＬＧＢＴ＋コミュニティの置かれている状況を改善するために、取り組むべきことのごく一部です。また、それぞれの課題について、かろうじて要約しただけということも、お伝えしておきたいことです。ここでお話ししたことは、詳細な解説には決してなり得ませんし、私は専門家でもありません。この短い本の中で、各課題を正当に評価することはできませんし、課題ごとに専門書があるでしょう。もし興味をおもちになり、もっと知りたいと思ったら、ぜひ地域のＬＧＢＴ＋団体に連絡をとり、彼らが現在抱えている課題について話してみてください。

LGBT+の素顔

エリオット「自信をもてないことはたくさんあるけど、トランスジェンダーというアイデンティティには自信がある」

エリオットは二〇歳で、トランス・マスキュリン（男性に近いアイデンティティのトランスジェンダー）、**A（エイ）ジェンダー**（どのジェンダーにも自分を位置づけていない人）、**クィアのアイデンティティをもっています。トランスジェンダー・コミュニティで活動していて、ジェンダーやセクシュアリティについて哲学的・社会的側面からよく熟考しています。彼は、今の自分のアイデンティティが人生で一番確かなものだと感じていて、関心をもつ人と、LGBT+コミュニティについて語ることに喜びを感じています。**

ぼくがカミングアウトしたのは、二〇一四年の国際女性デー（国連が制定した女性への差別撤廃と女性の地位向上を訴える日。毎年三月八日）。今使っているエリオットではなくて、「エル」という名前でカミングアウトしたんだ。でも、みんなに「エラ」（エラは女性の名前）とかそういう名前を短くしたものだと思われちゃって。もっと男性らしいのにしたかったから「エル」なんだけど、そういうわけでうまくいかなかったんだよ。それで、「エリオット」に名前を変えることにした（エリオットは男性の名前）。あんまり違う名前にすると、周りの人が困るからね。ぼくの代名詞は「彼」で、自分をA(エイ)ジェンダーでトランス・マスキュリンだと認識してる。ノンバイナリーと呼ばれてもいいけど、自分ではあまりしっくりこない。でも確かに、ぼくは伝統的な男女二つの性別(ジェンダー・バイナリー)には属さないんだ。

　最初は、トランス男性としてカミングアウトしたんだ。それが一番わかりやすいと思ったし、当時はその言葉しか聞いたことがなかったからね。それにノンバイナリーの人々には、トランスジェンダーの人々のようなジェンダー移行(トランジション)のプロセスや「治療」はないんだ。ぼくは身体的違和感(ディスフォリア)と不安が大きかったから、ジェンダー移行(トランジション)したかったし、速く簡単に終わらせたかった。だから医者とその話をした時も、笑顔で同意したんだ。A(エイ)ジェンダーだとカミングアウトしたのは、二〇一八年になってから。その時はもうホルモン治療と除胸手術をしていたから、カミングアウトも少し楽だったかな。

　ぼくのもう一つの問題は、（男女という）二つ(バイナリー)の分け方以外に、法律で認められた性別がないこと。確かに数年間トランス男性として生きてきたよ。でも、なんだか違うって気づいたんだ。パーソナルIDナンバー（スウェーデンの公的身分証明書）のジェンダーを変えたいかって聞かれて、最初は「はい」と言ったけど、結局考えを変えた。ぼくにとっては、どちらのジェンダーに印がついているかは重要じゃない。だって、どちらも正しくないから。第三の性についても同じこと。それに第三の性ができたら、ヘイトグループから標的にされやすくなるんじゃないか、心配なんだ。ぼくの意見だけど、ジェンダーの表記自体をなくすのが理想だよ。ジェンダーの表記が必要になるのはたいてい医療目的だし、医療のためならほかの方法を見つけることができると思うんだ。つまり、シスジェンダーの女性でも典型的なシス女性の体をもってるとは限らないし、ジェンダー表記は結局、完全に信頼できるものではないんだよ。例えば病院で、性別欄の代わりに「子宮がある」とかのチェックボックスを作ることもできると思う。

　ぼくがカミングアウトしたのは一五歳の時。一四歳で自分にカミングアウトして、一五歳でみんなに話した。アイデンティティのことで差別されたり、そういう目にあったことは一度もないよ。「じゃあ代名詞は一切使わないで、君のジェンダー・アイデンティティにふれなきゃいいんだね」みたいなことを言う人もいた。でもそういう人は、考え方やプロセスに慣れるのに少し時間がかかるだけなんだ。その点で、ぼくはとても恵まれてきた。

　両親は、ぼくを受け容れようととてもがんばってくれている。ぼくが一五歳の時、自殺しようとしたからだと思う。その時両親は、どれだけ深刻なことなのか気づいたんだ。カミングアウトしてから数カ月たった頃だった。苦しかったのは性別違和（ジェンダー・ディスフォリア）で、ジェンダー移行（トランジション）した今は、精神的に落ち込むことはなくなってる。

　実は、不思議なんだけどね。この春、ぼくは髪を伸ばしてたんだけど、突然自分のことがひどく嫌になったんだ。それで、原因が髪だと気づいた。髪型のせいでまた身体的違和感（ディスフォリア）が出てきたんだ、ってね。それまで二年近く平気だったから、どんな感覚かも忘れかけてた。「ジェンダー移行（トランジション）の前はずっとこんなにつらくて、どうやって生きてたんだろう？」って思ったよ。

ジェンダー移行（トランジション）する時、初めに行ったのが若い心理学者のところだった。そして、自分の身体的違和感（ディスフォリア）とアイデンティティを見定める評価セッションを五、六回受けたんだ。治療を始めるには少なくとも六カ月間、公に「カミングアウト」することが義務づけられていた。だから基本的に、この期間はとても詳細な質問をされるんだ。一六歳のぼくにはなんて答えたらいいかまったくわからないような質問をね。例えば、こんなことを聞かれたよ。「あなたはどうやって自分が男性だとわかるんですか？」とても難しい質問だよね。だからぼくは、インタビュアーの女性に聞いてみたんだ。「あなたはどうやって自分が女性だとわかるんですか？」ってね。彼女も答えられなかった。それは感覚的なことだから、二人とも答えられなかったんだ。面談は一〇カ月くらいかかった。正直言うと、自分のジェンダー・アイデンティティを評価されるのはトラウマになった。評価が行われたのはウプサラという町だったんだけど、いまだにウプサラを訪れることはできない。誰も自分のことを信じてくれない、みんながぼくを疑っているっていうトラウマとつながっているから。

それからホルモン治療を受けたんだけど、最初はちょっと難しかった。ぼくは性別違和（ジェンダー・ディスフォリア）のほかにも、境界性パーソナリティや強迫性なんかの精神障がいをもってる。心理学者には、精神障がいを解決するまで性別違和（ジェンダー・ディスフォリア）は治療しない方がいいと言われ、医者からは性別違和（ジェンダー・ディスフォリア）の治療から始めた方がいいと言われたんだ。結局、医者の言う通りにしたよ。そしてラッキーなことに、性別違和（ジェンダー・ディスフォリア）の治療を始めてすぐに、ほかの病気もずっとよくなった。最初のホルモン投与は二〇一六年の四月。その後はとてもスムーズだったよ。新しいホルモンも体に合った。副作用は落ち着かなくなったり代謝が上がったくらいで、性別違和（ジェンダー・ディスフォリア）はずっと改善したよ。その一年半後に、除胸手術をした。トランスジェンダーの健康という意味では、ぼくの変化はすごく早くて、スムーズだったみたい。

　若い人が自分の体を半永久的に変えるのを、人が心配するのもわかるんだよ。でも、どうしてほかの身体改造や形成手術と違う目で見られるのか、理解できない。身体改造や形成手術も永久的に体を変えることなのに、いちいち評価されずに誰でもできてしまう。ジェンダーとなると、どうしてそうじゃないんだろう？　社会には男女二つ（バイナリー）のジェンダーというコンセプトが強固にあるから、それを壊したら人が不快になるのはわかる。ジェンダーの意味を根底から覆（くつがえ）しかねないわけだから、政府が変革をためらうのもね。ぼくは少し過激なのかもしれない。「トランスジェンダー」であること、ジェンダーが全体としてどうあるべきかということに、制限をかけないようにしているからね。医療の専門家は、受診する人たちを信頼すべきだ。楽しむために医療の力を借りようとする人なんていない。

　ぼくにとって、ジェンダーは感覚にすぎない。生物学や心理学は、一〇〇パーセント信用できるものじゃないんだよ。トランスジェンダー・コミュニティーは規範（ノーム）や規則（ルール）に思いっきり挑んでるからこそ、大好きなんだ。（コミュニティの中では）この自由という泡（バブル）の中で生きることを楽しんでいる。だから、時々コミュニティの外でジェンダーの話になると、人々の定義はすごく凝り固まってて、石の壁にぶちあたったような気になるよ。

どうやってAジェンダー、かつトランス・マスキュリンになったのか、そして時々は男のアイデンティティになるのかってよく聞かれる。たいていはこんなふうに説明してる。普段はAジェンダーで、男らしい人に惹かれた時は、男性を愛する男性のコミュニティにいるみたいで——同性に惹かれるってなんてすばらしい、って思うんだ。ジェンダーやセクシュアリティって複雑なものだと思う。いくつかのコンセプトがとても密に結びつき合ってる。ジェンダーが重要になるのは、人に惹かれる時だけだよ。

プライド運動（ムーブメント）に少しかかわってたこともあるし、パレードに参加した年もある。でも、ぼくには聴力に問題があって、パレードはうるさすぎた。それに、ぼくは人混みで熱狂することにあんまり興味がなくて。どっちかと言うと、座ってただ人と話したり、ある本について考えを議論する方が好きなんだ。トランスジェンダーの子どもとその保護者のためのキャンプを、運営から手伝ったりもしているよ——子どもも保護者も、みんなが自分たちの体験をシェアできるキャンプなんだ。トランスジェンダーだと自分で気づくのはティーンエイジャーの頃だと思われてるけど、一番若い参加者は五歳だった。すごいよね。地元の学校に招かれてトランスジェンダーについて話したこともあるんだけど、どの学校もすごく素敵だった。

教育ってつまり、そういうことだよね。ぼくたちはトランスジェンダーについてもっとオープンに、もっとたくさん話せばいいだけなんだ。トランスジェンダーのコミュニティでは、ジェンダー・アイデンティティやトランス・アイデンティティの定義をとてもゆるやかに考えてる。そのゆるやかな定義が社会一般にも広がるべきだと思う。たとえ難しかったとしても。キャンプに来る子どもたちには、完全に理解できなくたっていいんだよ、ってよく話すんだ。だって、例えば科学者じゃない人は、原子のことを本当に理解している？ぼくは理解してないよ。でもぼくたちは、原子の存在を受け容れているよね。

もしシスの人がトランス・コミュニティを支援したいと思ったら、始められることはいろいろある。Henという代名詞をオープンに使うこと。トランスジェンダーの人々を専門的に支援すること——例えばトランスジェンダーのクリエイターによるアートや本を買うとか。それから、トランスジェンダーの人々の発言に、ただ耳を傾けること。もっと知りたいと思ったら、ネットでいろんなトランスジェンダーの人をフォローして、みんなどんなにいろんな経験をしているか見てみるのもいいよね。ジェンダーがわからない人について話す時は、ジェンダー中立（ニュートラル）的な言葉を使うのもすごくいいことだよ。

スウェーデンでは、ジェンダー移行（トランジション）が税金でカバーされていて、誰でも経済的な負荷を気にせず治療を受けられるから、すごく幸運だと思ってる。ぼくの人生には自信をもてないことがたくさんあるけれど、トランスジェンダーというアイデンティティについては自信をもってる。そうあることで、守られていると感じるし、ハッピーでいられるんだ。

LGBT+の素顔

エリク「ぼくはただ、ありのままの自分でいたいだけ」

エリクは二六歳の男性で、独立心の強い人です。カスタマーサービスで働く親友と暮らしています。同性愛（ホモセクシュアル）であることは彼の重要な部分ですが、そのことによって自分を定義したくないと考えています。

子どもの時の経験や育てられ方で、ゲイが「作られる」んじゃないかって言う人がいるよね。それでぼくも、異性愛者（ヘテロセクシュアル）になった人と育てられ方が違ったのかな、って考えたことがあるよ。わからないけど、そうじゃないと思う。でも、自分についてわからないことはいつもたくさんあって、長い人生をかけて、自分自身のことを知っていくんじゃないかと思ってる。

自分がゲイだと気づいたのは……ええと、なんて言ったらいいかすごく難しいね。だってセクシュアリティとか、愛とかそういうことって、子どもにとってはたいてい、よくわからないことだと思うんだ。気づいたのは、だいたい八歳から一四歳ぐらいの頃だった。

でも、自分はほかの男の子たちとは違う、彼らとはなじめない、っていつも感じていた。溶け込みたいとはすごく思ってたんだよ、本当に。受け容れられたくないなんて思う子どもはもちろんいないし、そう思うのは人間の本質なんだと思う。その頃から、「なんで自分はほかの男の子たちになじまないんだろう？」って考えはじめたんだ。スポーツ好きで荒っぽい男の子たちにね。その頃は、本当に「普通（ノーマル）」になりたい、彼らみたいになりたいと思ってた。でも、強くそう願いながら、それはきっとぼくじゃないとも思ってたんだ。あの頃が、男に惹かれはじめた頃だったのかなって思う。でも、仲よくなるのはいつも女の子たちだった。友達は女の子ばかりだったし、女の子の方が話しやすいって思ってた。

　母親っていつもわかっているのかな。ぼくの母は、ぼくよりずっと前に気づいていたんだ。一七歳ぐらいの時、ぼくがカミングアウトしたら、母に「ずっとわかってた」って言われたんだ。ぼくはこう言った、「なんで言ってくれなかったの！　何年もずっと苦しかった、自分のことも、どうしたいかもわかんなくて！」でも、母からもっと早く聞いてたって、救われたとも思わない。

　いつかの夏、ほかの男の子たちに交ざれなくて、サマーハウスの天井を見上げながら悲しかったのを覚えてる。それから何カ月も、苦しかった。そして、気づいた。混乱したり心配してると、たくさん怒りがわいてくるんだ。ぼくは気づいたんだよ。ゲイであることを受け容れなきゃならない。そして、ゲイであることを最大限に活用すべきだってね。ゲイだってことを、悪く考えるべきじゃない。周りにゲイの人はいなかったし、その頃はゲイの人に会ったこともなかった。ＬＧＢＴ＋のロールモデルもいなかったし、本当に孤独だった。ロールモデルがいなかったからだと思うけど、自分がゲイだと気づいてカミングアウトして以来、ゲイであることの意味を見つけようとしてきたんだ。特に、自分がどうありたいか、どんな人になりたいのか、そこにはどんな意味があるのかってね。いろいろ試したよ。女性っぽいメイクや服装で、ステレオタイプなゲイ男性みたいにふるまってみたり……。だって、ぼくがカミングアウトした頃は、同性愛（ホモセクシュアル）の男性と言えば、女性的な男ってイメージだったから。自分もそうならなきゃって思ったんだ。

　今までもすごく時間がかかったし、いまだにどうあるべきか、わかりきってはいないかな。治療（セラピー）でも話すんだけど、ぼくは同性愛（ホモセクシュアル）男性のステレオタイプがあんまり好きじゃない。そういう人が嫌なわけではもちろんなくて、ただステレオタイプが嫌なんだ。とても奇妙だけど、こういうステレオタイプはＬＧＢＴ＋コミュニティの中にもあるんだ。ＬＧＢＴ＋コミュニティーの目的は、人が自分のなりたい人になれるってことなのにね。

　時々、その型通りのイメージのせいで、コミュニティに深くかかわりたくないって思うんだ――プライドに参加することとかね。プライドはとてもドラマティックで華やかだけど、ぼくはただ、ほかの男の人みたいに普通でいたいだけなんだ。何者かになりたいわけでも、祝ってほしいわけでもない……。そう、ＬＧＢＴ＋コミュニティは、大きな社会の中にある、小さな社会みたいなもの。ＬＧＢＴ＋としてどうふるまうべきか、どうあるべきかって期待やステレオタイプが、この小さな社会の中にも山ほどあるんだよ。一般社会におけるステレオタイプ的な見方をなくすのは、LGBT+コミュニティのめざすところの一つ。でも、コミュニティの中にもステレオタイプはあるし、そこにも働きかけなきゃいけないと思うんだ。だって、根底にある考えは、誰もがありのままの自分でいられるべきってことなんだから。

ぼくと友人Aは友達になって五年になるんだけど、ぼくはその間ずっと自分がゲイだってわかってた。ぼくたちは一緒に暮らして、たくさんの時間を過ごしてきて、とても特別な関係なんだ。時々、考えたら止まらなくなる。「Aが本当にぼくのソウルメイトかライフパートナーだったら？ だってぼくは彼女を愛してる」って。ややこしいかもしれないけど、ぼくは彼女を性的(セクシュアル)には愛してないんだ。ぼくたちは一緒に住みはじめて二年ちょっと。とてもうまくいってるよ。共通の職場で出会って、すぐ仲よくなったんだ。でも、ぼくの人生ずっとこんな感じだった。毎日いろんな友達と出かけるんじゃなく、だいたい一人の親友と長い時間を過ごしてた。もちろんうわべの友達はいるけれど、親友は多くない。

ぼくはずっと母と仲がよくて、いつも母にくっついていた。でも父とは、特にある時期は、関係を築くのが難しかった。父には認めてもらえないって思ってたんだ——今もそう思ってるところがあるけどね。でも今、三〇近くになって、父は自分のことや感情を表現するのがそんなにうまくないんだ、って気づいたんだ。今は前より親しくなったけど、コミュニケーションのとり方が違う人と親しくなるのは難しいよね。母は反対に、よくしゃべる人なんだ。ソーシャルワーカーだから何でもオープンに話すし、気持ちもよく話してくれる。ぼくの話し方は母に似てるんだよね。同性愛(ホモセクシュアル)をカミングアウトした時は特に、父に打ち明けるのが難しかった。その時はもう、自分は父に認めてもらえないって思っていたしね。

実は、ぼくは父に正式にカミングアウトしてないんだ。二、三年前、母が代わりに話してくれた。ぼくには勇気がなかったし、ただ、できなかったんだ。父とは仲がよかったこともないし、父がロールモデルだったことも、一度もない。ぼくを誇りに思ってくれてると感じたことも、ぼくが父の期待にこたえられると感じたことだって、一度もないんだよ。母にカミングアウトして、最初のボーイフレンドとストックホルムに引っ越した時も、父にはまだ話してなかったんだ。母には何度も、お父さんに伝えてほしいと言われたけれど、ぼくはただできなかった。

でもある日、母が電話してきてこう言ったんだ。「ごめんなさい。でも、お父さんに伝えちゃった」って。父とぼくは、実際一度もぼくがゲイであることについて話したことがないんだよ。でも面白いことに、父がそのことを知ってから、ぼくへの接し方が変わったんだ。今は会うたびにハグするし、ぼくが同性愛者(ホモセクシュアル)だってことにはふれないけど、前より気楽に話せるよ。父は前よりぼくを理解しているし、ぼくも前より父を理解している。そんな感じかな。母が父に話した日以来、父とぼくの関係はよくなってきてる。だから、自分から父に話さなかったことは、少し後悔してるかな。でも、さっき言ったように、あの時ぼくらの関係はそんなによくなかったんだ。今もしぼくにボーイフレンドがいたら、父に彼を紹介したりとか、できるだろうね。二〇代になると、親も普通の人だと思えるようになって、大人同士の関係みたいになれる、ってことかな。

　スウェーデンで、ゲイであることについては全然不満はないね。いい環境だと思うよ。ぼくは暴力にも差別にもあったことがないから、すごく幸運だった。もちろん中傷されたことはあるけど、何も感じなかったな――中傷されるのはゲイの人たちだけじゃないしね。一度だけ怒ったことがあって、バーでストレートの男と話していた時だった。ぼくがゲイっていうのは女の子に近づくための作り話じゃないかって言われたんだ。ほんとに腹が立ったよ。

　スウェーデンのゲイについて個人的に思いつく問題は、ステレオタイプのことだけかな。特にぼくとしては、ステレオタイプがなくなってほしいよ。でもさっき言ったみたいに、異性愛（ストレート）の人にもＬＧＢＴ＋の人にもステレオタイプがあって、社会全体が格闘している問題でもあると思うんだ。ぼくはステレオタイプにならないようにものすごく努力してるから、その分、ＬＧＢＴ＋コミュニティに少し距離を置きすぎてるかもしれない。ゲイの友達が本当にいないんだ。ひどく引きさかれるような気持ちだよ。だって、ゲイクラブみたいなところは楽しくてすばらしいと思うし、ぼくは同性愛者（ホモセクシュアル）であることを誇りに思っている。だけどただ自分がゲイだからって、誰かＬＧＢＴ＋の人を探さなきゃっていう気にはならないんだ。

ゲイクラブは楽しいよ。でも、ぼくはただ普通のクラブに行けるようになりたいだけなんだ。そう、普通のクラブで、ぼくという存在でいたいんだよ。プライド・パレードに参加したこともあるけど、サーカスみたいで、ぼくの立場を代表してくれてはいない、と思った。パレードは、ぼくらの多様性やセクシュアリティを祝うものなんだけどね。でもパレードでは、一番華やかな人たちばかりが注目を集めてるようで、ぼくの求めてるものじゃないって思ったんだよ。

　ぼくが心配してるのは、ステレオタイプをなくそうとして、実は自分たちにステレオタイプを強いてるんじゃないかってこと。尻が見えるレザーパンツでほとんど裸の男性とか……だってぼくはゲイだけど、そういうゲイではない。彼らはぼくのことを表現していない。だけど、彼らがぼくを代表する必要もないよね。ぼくはTシャツとジーンズだけで、喜んでプライドに行くよ。でも、もちろん誰もTシャツとジーンズの人なんて気に留めないよね。これについては、ゲイの人とも異性愛（ストレート）の人ともたくさん話してきた。時々、異性愛（ストレート）の人たちから、同性愛嫌悪（ホモフォビア）だって非難されることもあるんだよ！　でももちろんそうじゃなくて、ぼくはただ、ありのままの自分でいたいだけ。ステレオタイプに沿うべきっていう圧力が嫌なんだ。

　ぼくは今も、自分がどんな人間なのかってことを理解しようとしてる。自分が誰かわからないうちは、自分とすごく似ている人から距離を置くことがあるよね。ぼくはぼく自身だってことをまず示したいんだ、見せびらかすんじゃなくてね。でも時々、すごく恩知らずだって思う。今ある社会は昔の人が苦しんで、命をかけて激しく闘ってできた社会であって――そのおかげでぼくは人生をオープンに生き、こんなことまで言えるわけだからね。それなのに、ぼくがコミュニティをただ無視するなんてことが、あっていいのかって？でも、ぼくは、ありのままの自分でいることで、オープンであることで、同性愛（ホモセクシュアリティ）が普通になるのを願ってるんだ。ぼく自身が、ぼくの小さなプライド・パレードなんだ！

原注

★1 スウェーデンの移民に関する調査研究ウェブサイト Migrationsinfo.se を参照。＊

★2 NMR（北欧抵抗運動） スウェーデン語で Nordiska Motståndsrörelsen.

★3 インターセックス 誕生の時点で女の子とも男の子とも決められない体をもって生まれてきた人々のこと。部分的に男性と女性両方の生殖器をもつこともある。たいていの場合、親は子どもをどちらのジェンダーで育てたいか選ぶように言われ、子どもが成長して自分のジェンダーアイデンティティを構築しはじめるにつれて多くの混乱につながる。例えば、女性とされたインターセックスの子どもが成長するにつれて、そもそも「完全に女性」ではなかったことを知らずに、トランス男性やノンバイナリーとしてカミングアウトする可能性がある。

第10章 スウェーデンのLGBT+の未来

共に話し合い、共に取り組む

さあ、この本の最終章にたどり着きました。ここまで、LGBT+の意味するもの、コミュニティを構成する人々、そしてスウェーデンのLGBT+コミュニティがたどった歴史について、お話ししてきました。家庭生活や、インターセクショナリティというアプローチの重要性などについてもお話ししました。けれども何より重要なのは、LGBT+の人々が語ってくれた、リアルな物語です。思いやりある勇敢なLGBT+の人々に共有してもらった、リアルな人生のストーリーです。彼らは思いやりと勇気をもって、自らの人生と経験をシェアしてくれました。法律や人々の考え方がこの数十年間で劇的に変化したのを見てきた人々の話も、また自分たちの性的指向が違法だった時代や場所を知らない人々の話も、ありました。

インタビューに登場した人の多くは、温かく受け容れてくれる人に囲まれて、安心して人生を送っています。スウェーデンは本当に、世界で一番ＬＧＢＴ＋フレンドリーな国の一つで、セクシュアル・マイノリティやジェンダー・マイノリティの受容度も比較的高い国だということも見てとれました。それでも、まだまだやるべきことが、たくさんあります。

まず、ＬＧＢＴ＋コミュニティの中で、様々なグループのニーズを見ていく必要があります。それから、セクシュアル・マイノリティやジェンダー・マイノリティとして生きる人々の声に耳を傾け、議論の際には彼らのことを話すのではなく、彼らと共に話し合う必要があります。また社会としても、ＬＧＢＴ＋コミュニティと共に取り組む必要があります。社会の中の少数派だからといって、彼らに真剣に取り合わなくていいわけではありません。そのことをよく理解して、彼らにとっても、社会が居心地のよい場所となるようにする必要があります。同じグループやコミュニティに属していてもいなくても、すべての人がみんな同じように、大切なのです。多様性を抑え込んだり無視したりせず、多様性をたたえ、すべての人を包括することができたなら、社会として、私たちみんながより幸せになるでしょう。

自らの性的指向――誰を好きになるかということ――が違法だったり病気と見なされた時代を生きた人々の物語も、見てきました。でも、違法や病気と見なされても、人々は変わりませんでした。性的指向を違法としたり病気と見なすことは、本人だけでなく、その家族や友人、周りにいる人々にとっても、苦しみにしかつながらなかったのです。

ジェンダー・マイノリティやセクシュアル・マイノリティの状況については、スウェーデンは大きく前進してきました。本当にそう思います。けれども、強調しておきたいことがあります。それは、ほかの国がスウェーデンをそっくりそのままコピーすべきではない、ということです。

すべての国や文化は、それぞれ独自の文脈の中に存在しています。ある国や文化にとってうまくいくことが、ほかではうまくいかないかもしれません。ほかの国や文化からインスピレーションやアイディア、時にアドバイスを得るのは、とてもすばらしいことです。とは言え、その文化の中で、どうしたら効果的にスムーズに課題を示すことができるのか、考えることも重要です。残念ながら、社会問題に対する「どんな場合にもうまくいく」解決策は存在しません。そのようなものがあったとしても、スウェーデンもまだ完璧からは、ほど遠いのです。

自分は自分だとわかっていればそれで十分

セクシュアル・マイノリティやジェンダー・マイノリティについて、不快に思う人もいます。そういう人は、同じジェンダーの人を愛する気持ちや、身体の特徴をもとに他人に決めつけられた、自分の本当の姿ではないジェンダーによって身動きがとれなくなる、そんな気持ちを理解していないのです。

不快に思う人がいるのに、なぜ隠しておかないのか、と考える人もいるでしょう。そんな人たちには、こうお伝えしたいと思います。必ずしも理解を求めているわけではなく、ただ、受け容れてほしいだけなのだ、と。私も、いつでも他者の動機を理解しているわけではないし、相手の立場になって考えられるわけでもありません。だからと言って相手が間違っているわけでもないし、そういう人にはどこかに隠れていてほしい、とも思いません。私たち人間は、自分の理解できないことを恐れたり、不快に思うことがよくあるものです。

この問題には、とてもシンプルな解決策があります。自分を不快にさせるものから隠れるのではなく、それを追求することです。自分とは違う人と話して、真剣に耳を傾けてみてください。自分と共通するところを探してみてください。同じところが、どこかに必ずあるはずです。小さなことでは、趣味が同じだったり、好きな食べ物が同じかもしれません。もっと大きなことなら、人生のゴールや価値観が共通するかもしれません。もし個人的な質問で相手の気分を害することが心配だったら、オンラインでも本でも、情報を集めることから始めてみましょう。セミナーに行くのもいいかもしれません。自分の理解できないことをよく知るために、できることはたくさんあります。そうすれば、理解できなかったことも、いずれおかしなことや見慣れないことではなくなっていくでしょう。

覚えていてください。あなたと異なる人がいたとして、その人は、あなたも同じであるように強いているわけではありません。人はみな違うということを、ただ受け容れればいいのです。そしてたいていの場合、違いはよいことでも悪いことでもありません。ただ違う、というだけなのです。

私たちは人間として、新しい経験から学びます。もし自分とは異なるものごとから逃げて、既知のこと、「普通（ノーマル）」で安全と感じられることだけを追求したら、私たちは人として成長し続けることはできません。他者について学び理解を深めること、世界は喜びであると深く知ること。そのような機会をもっていることは、価値あることなのです。

もしあなたがＬＧＢＴ＋コミュニティの一員であるなら――ＬＧＢＴ＋コミュニティで積極的に活動しているかどうかにかかわらず、また、ただシンプルにセクシュアル・マイノリティやジェンダー・マイノリティであるというだけでも――恥ずかしいと思うことは何もありません。他人からどんな扱いを受け、どんなふうに見られたとしても、あなたのアイデンティティが家族に受け容れられなかったとしても、あなたは間違っていないのです。カミングアウトできない状況にあったとしても、それでいいのです。ＬＧＢＴ＋の運動（ムーブメント）に参加していないことに罪悪感をもつ必要はありませんし、自分についての考え方を変える必要もありません。違いをすごく怖がる人、オープンに学ぼうとすらしない人がいることは、事実です。でも、それはあなたのせいではないし、あなたが非難されることでもありません。それは、彼らの問題なのです。あなたが原因の問題ではなく、彼ら自身が原因なのです。

つらくて受け容れ難いことでしょうけれど、重く受けとめるべきことではありません。自分は自分だとわかっていればいい――それで十分なのです。人と違うというだけであなたを恐れ、向き合わない人々の感情に配慮して、自分を変えたり、隠れたりする必要はありません。もし身の安全が心配だったり、自分が心地よいと思えない時は、大義のために自分自身のことをカミングアウトする必要もありません。ＬＧＢＴ＋コミュニティに属することは、義務とセットではありません。そのことは結局、あなたという存在のごく一部分に過ぎないのですから。

LGBT+であることは、重大なことに見えるかもしれません。しかしそれは歴史を通して、多くの人の間で論争になってきたために、そう見えるだけなのです。理想的な世界があるとすれば、その小さな一部があなたのすべてを規定するなんてことはないのです。でも、その日が来るまでは、覚えておいてください。あなたは一人ではない、ということを。ものごとは確実に、よい方向に向かっていくということを。

私たちは規範を変えることができる

この本では、スウェーデンにおけるLGBT+のこれまでと、現在についてお話ししました。インタビューに応じてくれた方々のうち、多くが未来への希望を共有してくれました。彼らはほとんどスウェーデン人で、この本はスウェーデン的なコンセプトを軸にしています。ですが、私はあえて言いたいのです。世界中のLGBT+の人々はみんな、未来に向けて同じ希望をもっている、と。

私はいつか、このような本が必要なくなる日が来ることを願っています。多くの人にとってLGBT+の存在はあたりまえのことになっていて、LGBT+の本を見かけても「だから何?」と、もはや興味をもたれなくなる日が来ることを。LGBT+の人々のための団体も、保護法も、幼稚園も高齢者住宅も、必要なくなる世界が実現することを。そして、LGBT+

であることはもはやあなたをあらわす大きなことではなくなり、初対面の人の興味があなたのジェンダーや好きな相手の話より、あなたの趣味や関心事にいく日が来ることを。

スウェーデンは、「受容」にとても近いところまで来ています。それはとても長きにわたる闘いで、今もまだ終わっていません。また、現在のＬＧＢＴ＋フレンドリーなスウェーデンの歴史はまだ浅いということも、覚えておくべきです。前向きな変化がごく短期間で起こる時には、反動もあるものです。反ＬＧＢＴ＋の声を公の場であげることが許容され、ＬＧＢＴ＋の人々は、自分や家族の身の安全が心配で直接声をあげられないということは、覚えておかなければなりません。現状で満足することはできません。満足してしまったら、私たちは後退しはじめ、この数十年で達成してきた進歩を失ってしまうかもしれないからです。

マイノリティ、特にＬＧＢＴ＋コミュニティのように弱いグループは、自分たちだけで闘ってくることは、できませんでした。セクシュアル・マイノリティやジェンダー・マイノリティを非難し、抑圧する反ＬＧＢＴ＋の人は尽きることがありませんが、同時に、ＬＧＢＴ＋でない人々が、いつも立ち上がって私たちを支援してきてくれました。アライ〔ＬＧＢＴを理解し支援する人〕と呼ばれる彼らもまた、重要な役割を担ってきました。アライは、ＬＧＢＴ＋でない人々に対して、もっとオープンになり、ＬＧＢＴ＋の人々を受け容れるように、説得してきたのです。

ＬＧＢＴ＋の権利とは、人権（ヒューマンライツ）〔すべての人間がもつ普遍的な権利〕です。スウェーデンはそのことを念頭に置いて、進歩を続けていくでしょう。進歩が世界に広がっていく時も、また人権（ヒューマンライツ）が軸となるでしょう。世界には、セクシュアル・マイノリティやジェンダー・マイノリティがいまだに迫害されていたり、受容がはるか遠くにあるような場所がたくさんあります。各国は共に取り組んでいかなければなりません。そして、世界中のＬＧＢＴ＋コミュニティとアライは、交流しあい、助けあわなければなりません。

セクシュアル・マイノリティやジェンダー・マイノリティであることは、状況を複雑にするだけでなく、人生を困難なものにします。でも、マイノリティ・グループに属することで、同じ経験を共有してつながりあい、長く続く絆を作り上げることができるでしょう。私たちは、生まれてきたありのままの自分であるだけで、すべての規範（ノーム）に合うことはできません。でも、だからこそ、社会の規範（ノーム）に疑問を投げかけることができ、そうすることで社会をよりはっきりと、見つめることができるのです。これは強みであり、時に困難も伴いますが、伸ばすべきスキルであり、誇るべきスキルです。

社会も社会の規範（ノーム）も、社会が築いたもの――私たち人間が生み出したものです。つまり、私たちは規範（ノーム）を変えることができるし、新しい規範（ノーム）に更新できるということです。すばらしいですよね。

スウェーデンは、「受容」に手が届きそうなところまで来ています。私は願っています。私たちＬＧＢＴ＋が、社会の多数派と変わらなくなる日、「ノーマライゼーション」はそう遠くない、ということを。

この本を読んでいただき、本当にありがとうございました。この本を書くことは私にとってすばらしい経験となりました。力を貸してくださったすべての人――支えてくださった方や自分のストーリーを共有してくださった方には感謝しきれません。この本は、私の内面の大きな部分を占めるものであり、ストーリーを共有してくださった方々にとっても同様です。支えてくださった方、そして読者のみなさんの人生が幸せと喜びであふれますように。

おわりに

この本は、私にとって初めての著書です。この本ができるまでには、たくさんの学びがありました。ありがたいことに、周りにいるたくさんの人々が知恵を貸してくれ、サポートしてくれました。そのみなさんがいなければ、この本は決して存在しなかったでしょう。

まず、ミツイパブリッシングの中野葉子さんに感謝を伝えたいと思います。中野さんとの出会いは、私が日本に住んでいた時に登壇した、LGBT+についてのセミナーでした。そこに中野さんが参加してくれたのです。私はその日に向けてたくさん準備をしていたのですが、二時間のセミナーには五人ほどしか参加者がいなくて、少しがっかりしました。その時の私は、この後何が起こるのか、まったく予想もしていませんでした。

セミナーから少し経ったころ、中野さんからメールが届きました。中野さんの出版社・ミツイパブリッシングで、セミナーで話した内容を出版できないかと考えているのですが、お会いできませんか？　という内容でした。その時私は、きっと中野さんはスウェーデンのLGBT＋に関する出典情報やアドバイスが欲しいのかな、と受け取りました。それが、まさか、私に本を書いて欲しいだなんて！　私は完全に、打ち合わせの目的を誤解していました――「本を書くことにご興味はありますか？」……打ち合わせの場で、中野さんがこう言ったその時まで。その言葉を聞いて、私は呆然としました。でも、そうです。私はずっと、文章を書くことが好きでした。いつか、本を書きたいと夢見ていました。それが今、まだ出会って間もない人が、私にチャンスをくれようとしている。私がとても情熱を傾けているテーマについて、本を書きませんかと尋ねてくれている。私はすぐさま、そのチャンスに飛び込みました。そのことを後悔したことは、一秒たりともありません。中野さんはチャンスをくれて、いつもサポートしてくれました。それも、私がずっと書きたいと思っていた本を、私が書きたいように、書かせてくれたのです。本を書き上げる過程を通してずっと、中野さんがサポートしてくれたこと、私を信じてくれたことには、本当に、感謝してもしきれません。力を注いでくれたミツイパブリッシングのみなさんに対しても、心から感謝しています！　この本は、私たちみんなのものです。

この経験を通して私が学んだことの一つは、本を作り上げるために、どれだけ多くの人がかかわっているのか、ということです。原文（英語で書きました）を書いたのは私ですが、すばらしい翻訳者である轡田いずみさんによって、その言葉は洗練され、翻訳されていきました。

さらに、そこに多くの人の視点が加わって、表現が練り上げられていきました。

私の親友、イザベル・ハルディンは、第一章に載せたジェンダーとセクシュアリティの概念図を、ビジュアルでわかりやすくデザインしてくれました。イザベルの図がなければ、この本はもう少し難しくなっていたでしょう。図式化するというアイディアは、彼女の発案です。そして本のデザインを引き受けてくれた佐藤亜沙美さん、表紙のイラストレーションを描いてくれた三井ヤスシさんにも、感謝を伝えたいと思います。

私がこの本のことで心配したり興奮していた時に、そこにいてくれて、共に喜んでくれた友人たちにも感謝しています。私の真のチアリーダー、エラにはとても感謝しています。彼女は私を支えるだけでなく、広い視野と自信をもつようにと、ずっと勇気づけてくれました。アイディアをくれたり企画立案も手伝ってくれました。

北海道・当別町のスウェーデン交流センターで共に働いた同僚のみなさんにも、感謝を伝えたいと思います。この本を書くという旅は、スウェーデン交流センターでのセミナーから始まりました。そこで働いた間ずっと、助けてくださったこと、サポートしてくださったことすべてに感謝しています。この本は、ほとんどスウェーデン交流センターのおかげで生まれたのです。これからも、スウェーデン交流センターが、組織的なレベルでも個人的なレベルでも、スウェーデンと日本の交流を前に進めてくださることを願っています。スウェーデン交流センターで過ごした時間のことは、決して忘れません。

それからおそらく一番重要なことですが、インタビューに応じてくれたすべての人々に、感謝を伝えたいと思います。彼らがいなければ、私はこの本を書くことはできませんでした。彼らのおかげで、この本は興味を引く、大きな意味をもつものになりました。それだけでなく、彼らと話し、経験を聞く中で、私は人として成長したと感じています。インタビューに応じてくれた方々は、読者のみなさんと、そして私とも、人生をシェアしてくれました。彼らが体験を共有してくれたことを、とてもうれしく思っています。

それから、最後に。過去そして現在の、世界中のＬＧＢＴ＋コミュニティのみなさんに、大きな感謝をささげたいと思います。コミュニティを作り上げる一人ひとりのたいへんな努力、愛、そして勇気がなければ、決してここまで進んでくることはできなかったでしょう。未来のために、ぜひみんなでベストを尽くし、前へ進んでいきましょう。

二〇二〇年三月二日

ソフィア・ヤンベリ

同性愛（ホモセクシュアリティ）　Homosexuality　自分と同じジェンダー、つまり同性に惹かれること。

レズビアン　Lesbian　女性に惹かれる女性のこと。

LGBT+　レズビアン（Lesbian）、ゲイ（Gay）、バイセクシュアル（Bisexual）、トランスジェンダー（Transgender）、その他のセクシュアル・マイノリティやジェンダー・マイノリティ（+）の頭文字を並べた言葉。

ノンバイナリー　Non-binary　男女という二つのジェンダーどちらにもあてはまらない人。

パンセクシュアル　Pansexual　複数のジェンダーに惹かれること、バイセクシュアルの類義語。

家父長制　Patriarchy　主に男性が権力をもっている社会構造のこと。

ポリアモリー　Polyamory　複数のパートナーと同時に恋愛関係や性的関係をもつこと。そのような関係をもちたいと思うこと。

ポリロマンティック　Polyromantic　複数のパートナーに同時に恋愛感情を抱くこと。

クィア　Queer　規範に挑むことを意味する言葉。セクシュアル・マイノリティ、ジェンダー・マイノリティを表す言葉として使われる。

セーフスペース　Safe space　（ここでの意味は）セクシュアル・マイノリティやジェンダー・マイノリティが安全で快適に感じられる場所。

サンボ　Sambo　同棲するパートナー。多くの場合は結婚せずに人生のパートナーとなり、結婚とほぼ同等の法的地位がある。

性　Sex　染色体と性器で決まる生物学的な性。

セクシュアル・アイデンティティ　Sexual Identity　性的指向にもとづくアイデンティティ。性的指向とほぼ同義。

性的指向　Sexual orientation　誰に惹かれるかを表す言葉。例えばホモセクシュアル（同性愛）など。

セクシュアリティ　Sexuality　人間の性のあり方全般を意味する。性的指向やセクシュアル・アイデンティティ、ジェンダー・アイデンティティを指すこともある。

ストレート　Straight　ヘテロセクシュアル（異性愛）と同じ意味。

トランスジェンダー（トランス）　Transgender (trans)　生物学的な性とこころの性が一致しない人。

ジェンダー移行（トランジション）　Transition　一つのジェンダー表現からほかの表現に変わること。身体的な移行、身体的なことを伴わない移行がある。

トランス・マスキュリン　Trans-masculine　女性よりも男性に近いアイデンティティをもつノンバイナリー。

トランス・フェミニン　Trans-feminine　男性よりも女性に近いアイデンティティをもつノンバイナリー。

トランス嫌悪（トランスフォビア）　Transphobia　トランスジェンダーの人に対する嫌悪や敵意。トランスジェンダー嫌悪。

LGBT+関連用語集（ABC順）

Aジェンダー　Agender　自分をどのジェンダーにも位置づけていない人。

Aセクシュアル　Asexual　他者に対して、性的に惹かれることのない人。

アトラクション　Attraction　誰かに惹かれる感情のこと。以下の様々なかたちがある。

プラトニック　Platonic　友達や家族として、または性的でもなく恋愛的でもないパートナーとして惹かれる。

ロマンティック　Romantic　キスやハグをしたいと思う、恋愛的なパートナーとして惹かれる。

セクシュアル　Sexual　性的なパートナーとして惹かれる。

バイセクシュアル　Bisexual　二つ以上のジェンダーに惹かれること。パンセクシュアルの類義語。

シスジェンダー　Cis gender　生物学的な性別や生い立ちとこころの性が一致している、トランスジェンダーではない人。

カミングアウトする　Coming out　自分がセクシュアル・マイノリティーやジェンダー・マイノリティであることを明らかにすること。

転向療法　Conversion therapy　セクシュアル・アイデンティティやジェンダー・アイデンティティを変えようとする「療法（セラピー）」の一類型。多くの場合、マイノリティのアイデンティティから、シスジェンダーや異性愛への転向を指す。

デミセクシュアル　Demisexual 自分がよく知っている限られたごく少数の人にだけ、恋愛的または性的に惹かれる人のこと。

ゲイ　Gay　男性同士、あるいは男女を問わずホモセクシュアル（同性愛）と同じ意味で、世界的に使われている。

ジェンダー　Gender　男性らしさや女性らしさなど、生物学的な性にもとづいて社会的に定義されたアイデンティティ。

性別適合治療　Gender confirming treatment　ジェンダーを移行するためにトランスジェンダーの人たちに行われるホルモン治療や手術のこと。

性別違和（ジェンダー・ディスフォリア）　Gender dysphoria　からだの性とこころの性が一致しない状態。診断名をしても使われる。

ジェンダーフルイド　Gender fluid　ジェンダー・アイデンティティが流動的に変わる人。

ジェンダー・アイデンティティ　Gender Identity　自分が認識している性別。こころの性。

ジェンダー中立的（ニュートラル）Gender neutral　特定のジェンダーに言及しないこと。

GRSM　ジェンダー（Gender）、ロマンティック（Romantic）、セクシュアル（Sexual）、マイノリティ（Minority）の頭文字をとった言葉。LGBT+ の類義語で、ジェンダー・アイデンティティやセクシュアル・アイデンティティが少数派に属する人のこと。

Hen（ヘン）　スウェーデン語のジェンダー中性的な代名詞。

異性愛（ヘテロセクシュアリティ）　Heterosexuality　自分と反対のジェンダー、つまり異性に惹かれること。

同性愛嫌悪（ホモフォビア）　Homophobia　同性愛の人々に対する嫌悪や敵意。

ソフィア・ヤンベリ

1993年ストックホルム生まれ。ストックホルム大学日本研究学科在学中の2013年に初来日。南山大学に留学後、帰国してストックホルム大学を卒業。2016～17年上智大学に留学。2018年～19年スウェーデン交流センター（北海道当別町）に勤務。現在、スウェーデンの旅行会社勤務。

轡田いずみ（くつわだ・いずみ）

1984年生まれ。上智大学法学部国際関係法学科卒業。大学在学中にスウェーデン・ウプサラ大学政治学部に留学。会社勤務を経て2015年に独立。現在、株式会社ノルディック・インスピレーション代表。「北欧の教育・学び リラ・トゥーレン」主宰。

ぼくが小さなプライド・パレード

北欧スウェーデンのLGBT+

2020年4月25日　第1刷発行

著　者　ソフィア・ヤンベリ

訳　者　轡田いずみ

カバーイラスト　三井ヤスシ

デザイン　佐藤亜沙美

発行者　中野葉子

発行所　ミツイパブリッシング

〒078-8237 北海道旭川市豊岡7条4丁目4-8

トヨオカ7・4ビル　3F-1

電話 050-3566-8445

E-mail: hope@mitsui-creative.com

http://www.mitsui-publishing.com

印刷・製本　モリモト印刷

Being LGBT+ in Sweden

ISBN：978-4-907364-15-1 C0036